で学ぶシリーズ 2

見るだけでうまくなる！
バドミントンの基礎
The BASIC of BADMINTON

著 **大束忠司**
日本体育大学
バドミントン部監督

ベースボール・マガジン社

はじめに

初期段階の正しい学びが上達につながる

　近年バドミントンでは世界で活躍する日本人選手が多くなってきています。テレビや雑誌などでバドミントンという言葉を聞く機会も増えており、全国的にもバドミントンを始める方々が増えてきています。ジュニアの大会では未就学の子どもが大会に出場していたり、シニアの大会では75歳以上というカテゴリーがあったりと、老若男女を問わずプレーされるスポーツになりました。

　現在ではさまざまな地域でプレーできる環境が整えられ、中学、高校では授業でも行われており、ほとんどの方が一度はラケットを握った経験があるでしょう。しかし、バドミントンを始めるにあたって、初期の段階で間違った打ち方、動き方、考え方を身につけてしまうと、なかなか上達せず、改善するのにも時間がかかってしまいます。

　そのため本書では、初期の段階で身につけておきたい基礎的な動作や考え方を中心に解説しました。そこからワンランクアップするためのヒントや練習方法も紹介しています。

　上達することは、バドミントンをより楽しめる材料にもなり、より深く好きになることにもつながります。本書をぜひ教科書的存在にしていただけたらと思います。

日本体育大学バドミントン部監督　**大束 忠司**

この本の使い方

ねらい
そのページの解説内容を習得する目的です。

タイトル
そのページで解説しているワザや練習の名前です。

ワザと練習の解説
写真やコート図を交えて、ワザやその練習の手順、内容を解説します。

これはNG
そのワザや練習をするときにありがちなミスを伝えます。

この本は、主に中学校・高校の部活動で
バドミントンに取り組んでいる方に向けた本です。
入門者、初心者が覚えておきたいワザやその練習方法、戦型などを
写真と図で解説しています。

コーチからのアドバイス

そのワザや練習がどんなものなのか、それによってどんな効果があるのかを解説しています。

こんなイメージ

解説だけでは伝わりにくい動きを補足します。

ワンランクアップ

さらに一歩、踏み込んだものを紹介します。

CONTENTS

はじめに …………………… 2
この本の使い方 …………… 4

Chapter 1

練習を始める前に …… 9

01 バドミントンの用具 …………… 10
02 バドミントンのコート …………… 12
03 基本姿勢とホームポジション …… 14
04 ラケットの持ち方 ……………… 16
05 体幹トレーニング① …………… 18
06 体幹トレーニング② …………… 20

Column 1
ラケットの選び方 …………………… 22

Chapter 2

基本の動きと技術 …… 23

01 シャトルに慣れる① …………… 24
02 シャトルに慣れる② …………… 26
03 シャトルに慣れる③ …………… 28
04 フォアハンドとバックハンドでの構え 30
05 オーバーヘッドストローク
　　（フォアハンド） ……………… 32
06 オーバーヘッドストロークの練習 … 34
07 オーバーヘッドストローク
　　（バックハンド） ……………… 36
08 サイドアームストローク（フォアハンド） 38
09 サイドアームストローク（バックハンド） 40
10 アンダーハンドストローク
　　（フォアハンド） ……………… 42
11 アンダーハンドストローク
　　（バックハンド） ……………… 44
12 フォア側前方へのフットワーク … 46
13 バック側前方へのフットワーク … 48
14 フォア側サイドへのフットワーク … 50
15 バック側サイドへのフットワーク … 52
16 フォア側後方へのフットワーク … 54
17 バック側後方へのフットワーク … 56
18 跳びつき ………………………… 58
19 フットワークの練習 …………… 60

Column 2
バドミントンのすごさ ……………… 62

Chapter 3

攻撃ワザの練習メニュー …… 63

- 01 ドライブ …… 64
- 02 プッシュ …… 66
- 03 ヘアピン …… 68
- 04 スマッシュ …… 70
- 05 ショートドライブ …… 72
- 06 カット …… 74
- 07 クロスヘアピン …… 76
- 08 スピンヘアピン …… 78
- 09 ワイパーショット …… 80
- 10 ジャンピングスマッシュ …… 82
- 11 ドロップ …… 84
- 12 ドリブンクリア …… 86

Column 3
強豪・日本の躍進の理由 …… 88

Chapter 4

守備ワザの練習メニュー …… 89

- 01 フォアハンドのロングサービス …… 90
- 02 バックハンドのショートサービス …… 92
- 03 サービスの練習 …… 94
- 04 プッシュレシーブ …… 96
- 05 ロビング …… 98
- 06 フォアハンドハイクリア …… 100
- 07 バックハンドハイクリア …… 102
- 08 ロングのスマッシュレシーブ …… 104
- 09 ショート&ミドルのスマッシュレシーブ …… 106

Column 4
バドミントン観戦のポイント …… 108

CONTENTS

Chapter 5
基本戦術の練習メニュー……109

- 01 サービスレシーブ……110
- 02 決定力を上げる……112
- 03 四隅を狙う……114
- 04 狙ったところに打つ……116
- 05 カウンター攻撃オフェンス……118
- 06 カウンター攻撃ディフェンス……120
- 07 ダブルスのサービスレシーブ……122
- 08 ダブルスの基本フォーメーション……124
- 09 ダブルスのローテーション……126
- 10 ダブルスの実戦フォーメーション……128
- 11 ディフェンスからオフェンスへの切り替え……130
- 12 攻撃でオープンスペースを作る……132

Column 5
大束忠司のオリンピックへの挑戦……134

Chapter 6
脱初心者のツボ……135

- 01 ラケットの握りをかえる……136
- 02 サイドバックのフットワーク……138
- 03 攻撃時のフットワーク……140
- 04 手首で打つ……142
- 05 押されているときのつなぎ方……144
- 06 体軸をぶらさない……146

付録1　バドミントンのルール　　148
付録2　バドミントンの用語集……154

おわりに……158
監修紹介……159

Chapter 1

練習を始める前に

活躍する選手たちも、まずはここから学んだはず。
バドミントンに使う道具や場所について知ろう。

01 ねらい ▶ 用具の種類や適正な選び方を学ぼう

バドミントンの用具

ラケットヘッド
シャフト
グリップ

初心者の目安
- 重量　70〜80g
- ガット　18ポンド（緩め）
- サイズ
  　全長　680mm以内※
  　幅　　230mm以内※
  ※日本バドミントン協会の競技規則による規定

羽の長さ　62〜70mm
重量　　　4.74〜5.50g

ラケット
カーボンやチタンという非常に軽い素材を使用。ガットの強さは張り方によって変えられる。

シャトル
コルクの台に水鳥（ガチョウ）の羽を16枚貼り付けられている。

ワンランクアップ
グリップテープ
グリップテープは太さの微調整もできる。写真はタオルグリップ。

> Chapter 1　練習を始める前に

コーチからのアドバイス

バドミントンを始めるにはラケット、シャトル、専用のシューズやウェアが必要です。ここでは、用具にはそれぞれどんな種類や特徴があるか、自分に合った用具にはどんなものがあるか、また初心者が選ぶポイントなどを解説します。

蒸れにくいメッシュ素材

滑らないラバーソール

シューズ
クッション性、フィット性が高く、動きやすいシューズを選ぼう。

ウェア
吸湿速乾性に優れたウェアが最適。ポロシャツとパンツ（女子はスコートも可）が基本。

ワンランクアップ

シャトルの手入れ
羽根の先がバラバラになっているときは、指でなでつけて直す。

011

02 バドミントンのコート

ねらい ▶ シングルスとダブルスの違いをコートで知る

コート各部の名称と長さ

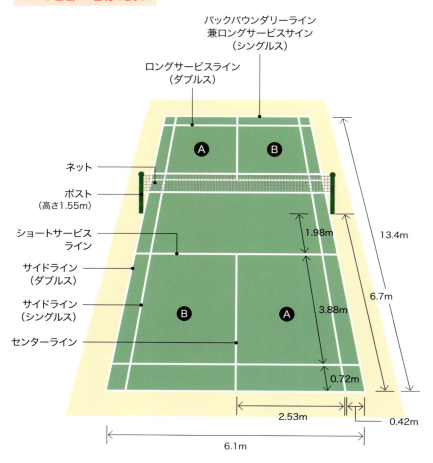

Ⓐ 右サービスコート
Ⓑ 左サービスコート

※ネットの高さ … 中央部で1.524m
※片面の対角線の長さ（ダブルス）
　… 14.723m

> Chapter 1　練習を始める前に

コーチからのアドバイス

一般的にバドミントンのコートはシングルスとダブルスのラインが引かれた両用のコートを使用します。ルールと同様、コートの大きさをしっかり把握しておきましょう。

シングルスのコート

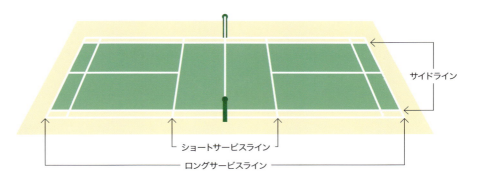

サイドライン
ショートサービスライン
ロングサービスライン

ダブルスのコート

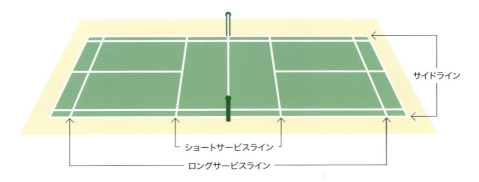

サイドライン
ショートサービスライン
ロングサービスライン

ロングサービスライン

シングルス用とダブルス用がある。サイドラインとは異なり、シングルス用が外側なので、注意が必要。サービスラインはシングルスが細長く、ダブルスは左右に広いと覚えよう。

ショートサービスライン

シングルスとダブルス兼用のライン。サービスのときにラインを踏むとフォルト。サービスで打ったシャトルがショートサービスライン、センターライン、ロングサービスライン、サイドラインで囲まれたエリアの外に出るとアウトとなる。

サイドライン

コート側面のラインで、シングルスは内側、ダブルスは外側のラインを使用する。サイドラインより外側に落ちたシャトルはアウト。

03 基本姿勢とホームポジション

ねらい ▶ 正しい基本姿勢でどんなシャトルにも対応

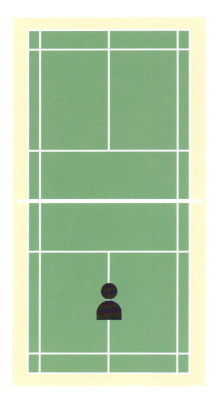

ホームポジションの位置
あらゆる返球の落下位置に最短で移動するため、自陣のほぼ中央に立つ。

斜めから見たホームポジション
自陣コート中央でセンターラインを両足で挟むように基本の構えをとる。

✕ これはNG

ラケットヘッドが下がる
この体勢では対応が遅れてしまう。常にラケットヘッドを立てよう。

> Chapter 1　練習を始める前に

コーチからのアドバイス

基本姿勢は、コートに打たれるすべてのシャトルに素早く反応できることが重要です。自陣中央（ホームポジション）で両足を肩幅に開き、ヒザを柔らかくして、上体をリラックスさせ、ラケットヘッドを立てて構えましょう。

横から見たホームポジション

前傾姿勢になりすぎないように、ラケットヘッドが下がらないように注意する。

✕ これはNG

ヒジが上がる

ヒジが上がるとラケットヘッドを立てておくことができない。

✕ これはNG

カカトが上がる

この姿勢では後ろ方向にきたシャトルに素早く対応できない。

04　ねらい ▶ 素早くフォア、バックで打ち返す握り方を習得

ラケットの持ち方

① 両足でラケットヘッドを挟む
ラケットヘッドを適正な向きにするため、両足でラケットを挟む。

② 軽くグリップを握る
そのまま軽くグリップを握る。

✗ これはNG

ラケットの面が上向き
面が上向きでは、手首の可動域が狭くなる。ただし、上級者にはこの持ち方をする選手もいる。

Chapter 1 練習を始める前に

コーチからのアドバイス

ラケットは、フォアとバックの両方に対応するため、ラケットヘッドが垂直になるよう、縦に持ちます。この持ち方をイースタングリップと言います。最初は正しい向きを覚えるために、ラケットを足で挟んでから握ってみましょう。

❸ 体を起こす

そのまま上体を起こしてラケットを前に差し出す。

握手するイメージで握る

強く握りしめるのではなく、軽く握手をするようなイメージで。

 これはNG

正面に向いていない

ラケットを立てたとき、面が正面を向くようにする。

 これはNG

ぎゅっと握りしめる

強く握りしめると、手首の動きが制限されてしまう。

05 ねらい ▶ 腹筋を鍛えてキレのある動きを実現する

体幹トレーニング①

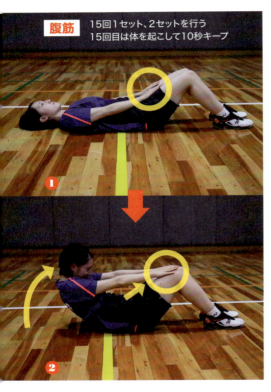

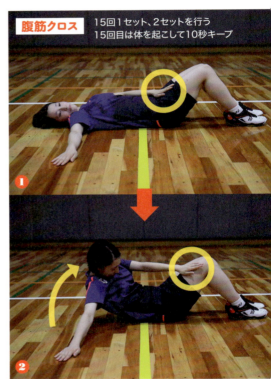

仰向けでヒザを立てて腹筋

腰は床につけ、両手を太ももに置く。両手をヒザまで移動させ、体を起こす。

体を斜めに起こす腹筋

右の太ももに置いた左手を右ヒザまで移動させ、体を斜めに起こす。右手も同様に。

 これはNG

手が離れる
両手が足から離れると鍛えたい筋肉を使えない。

 これはNG

ヒザまで上げない
手をヒザまで上げないと腹筋にかかる負荷が少ない。

Chapter 1　練習を始める前に

コーチからのアドバイス

腹筋を中心とした体幹は全てのスポーツの基礎となる筋肉です。腕や脚部を動かす基盤でもあります。体幹を鍛えることで俊敏な動きを実現し、試合の後半までキレのある動きができるようになります。

腹筋サイド
15回1セット、2セットを行う
15回目は体を起こして10秒キープ

体を横向きに起こす腹筋サイド

右腕を体の前で床につけ、左手を頭の後ろへ。両ヒザを曲げ、左脚は上に向ける。左ヒザを動かさないように、左ヒジとタッチさせる。反対向きも同様に行う。

 これはNG

ヒザの方を動かす

脇腹の筋肉を鍛える運動なので、ヒザを動かさず体を使うこと。

019

06 体幹トレーニング②

ねらい ▶ 下半身の筋力とバランスを強化する

床タッチ　片足で立って両手を下に。手が床にタッチするまでヒザを曲げ、その後伸ばす。

ヒザ曲げ伸ばし　両手を床につけたまま、ヒザの曲げ伸ばしをする。

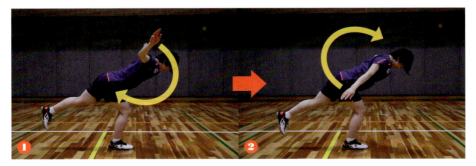

両手前回し　片足で立ったまま、両手を前回しする。

Chapter 1　練習を始める前に

コーチからのアドバイス

片足立ちをしながら動くことで下半身の筋肉も同時に鍛えられる体幹トレーニングです。上達を目指す人はウォーミングアップとして取り入れるようにしましょう。左右それぞれ10回1セット、足を床に下ろさず連続で行うと効果的です。

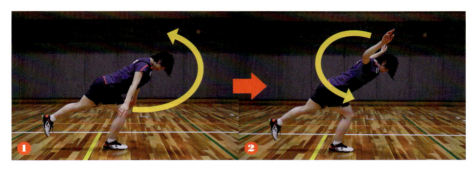

両手後ろ回し　片足で立ったまま、両手を後ろ回しする。

腕振り　片足で立ったまま、腕をランニングのように振る。

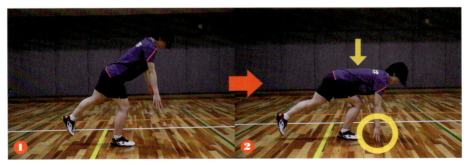

上体上げ下げ　片足で立って上体を起こしたところから両手を床につけ、上体を起こす。

021

コラム 1

ラケットの選び方

　ラケット選びの基本は、全体の重量、重量バランス、グリップの太さから選ぶということです。バドミントンの重量には、「U」という単位が使われ、数字が大きいほど軽くなります。5Uは約75〜80g、2Uなら約90〜95g。6U、7Uといった軽いものもありますが、初心者なら3U〜5Uがおすすめです。

　グリップの太さの単位は「G」で、数字が大きいほど細くなり、重さと合わせて、「4UG5」などとシャフトに表示されています。グリップは、初心者は手の大きさに合わせて選ぶのがいいですが、パワーヒットしたいなら太め、操作性を重視したいなら細めという選び方もあります。

　実際の重量だけでなくラケット全体の重量バランスもプレーに影響します。ガットが張ってあるフレーム側が重いタイプと軽いタイプがあり、同じ重量でもスイングのフィーリングは全く異なるのです。パワーヒットしたいならフレームが重い方、操作性重視なら軽いものを選ぶのがいいでしょう。

　最近では、オフェンス型、ディフェンス型と役割が明確になっているラケットもあります。

　練習や試合中にガットが切れたり、接触によってラケットが折れたりすることもあるので、競技として取り組む人は予備も合わせて3、4本用意していることが多いです。

Chapter

2

基本の動きと技術

どんな試合でも必ず使う、基本の動き方や打ち方を紹介する。
これらの技術はこのあとに学ぶ全てのワザに通じている。

01

ねらい ▶ ラケットとシャトルの特性を把握する

シャトルに慣れる①

シャトル拾い

1 羽根と平行に置く

シャトルのコルクが自分に向くように床に置く。シャトルの羽と平行にラケットを置く。

2 スライドさせて拾う

ラケットヘッドをスライドさせ、シャトルを拾い上げる。手首を返して勢いを止める。

こんなイメージ

床を垂直に押す

ラケットをスライドさせるときは、床を垂直に押すイメージでスライドさせる。

Chapter 2　基本の動きと戦術

コーチからのアドバイス

特殊な形状のシャトルをラケットで打ち合うバドミントンでは、最初にシャトルに慣れておくことはとても大切です。まずはシャトルを拾う練習から。その後はリフティングでシャトルを打つ感覚をマスターしましょう。

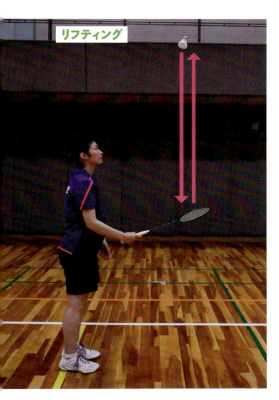

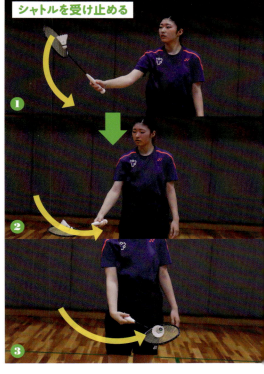

その場でリフティング

立ったままその場で真上にシャトルを打ち上げるリフティングする。

シャトルを受け止める

落ちるシャトルの横にラケットを沿わせ、お腹の前で接触、手首を返して受け止める。

ワンランクアップ

両面でリフティング

手首を返しながらラケットの表裏両面でリフティングする。

025

02 シャトルに慣れる②

ねらい ▶ 動きながらシャトルの扱いに慣れる

1人でリフティング&ランニング

まずは1人でリフティングしながらランニングする。フォアだけ、バックだけ、フォアとバックを交互に行う。

ワンランクアップ

ゲーム形式で楽しむ

いくつかのグループを作って速さを競うゲーム形式にすると盛り上がる。

> Chapter 2 基本の動きと戦術

コーチからのアドバイス

さらにシャトルの扱いに慣れるための練習です。最初は1人で行い、慣れてきたら他の人とリレーでつなぎます。シャトルを落としたときには、P24のシャトル拾いですくいあげます。スムーズにできるまで練習しましょう。

リレーでつなぐ

複数の人がコート両はしに立って、リフティング＆ランニングでリレーする。

こんなイメージ

リレーでシャトルを受け取るときは

リレーで人からシャトルを受け取るときは、P25の「シャトルを受け止める」を使う。

03 シャトルに慣れる③

ねらい ▶ 筒入れでシャトルの落ちる位置を把握する

両手で筒入れ

1 筒を両手で持つ
両手でシャトルの筒を持ち、高くシャトルを打ってもらう。

2 シャトルを受ける
素早くシャトルが落ちる場所に移動し、筒にシャトルを入れる。

 これはNG

体から離れてしまう

正確な打点でない場所で筒に入れても意味がない。シャトル落下地点に素早く移動しよう。

> Chapter 2 基本の動きと戦術

コーチからのアドバイス

シャトルの包装に使われる筒を利用した練習です。筒を持ち、落ちてくるシャトルをその中に入れます。シャトルの落ちてくるポジションに正確に移動しないと成功しません。シャトルの飛び方、落ち方を把握しましょう。

片手で筒入れ

① 左手で筒を持つ
利き手にラケットを持ち、反対側の手で筒を持つ。打つときの構えの予習になる。

② 片手で筒に入れる
そのままの体勢でシャトルが落ちる場所に移動し、筒にシャトルを入れる。

こんなイメージ

左手のリードをマスターする

実戦でシャトルを追うときにも左手をシャトルに向けて伸ばす。これはその練習になる。

029

04 ねらい ▶ シャトルを打つときの基本的な構え を覚える

フォアハンドと
バックハンドでの構え

正面

横

フォアハンドでの構え

体はネットに対して正面で構え、両足はしっかり床につける。打点は、必ず自分の体の前。左手が下がらないように注意する。

✗ これはNG
ラケットが体より後ろにある

シャトルがしっかり見えるように、ラケットは体の前で構える。

> Chapter 2　基本の動きと戦術

コーチからのアドバイス

右利きの場合、体の軸から右側でシャトルを打つ場合を「フォアハンド」、左側で打つ場合を「バックハンド」と言います。基本は、ネットに対して正面で体を構え、ラケットの面を相手コートに向けて打ちます。打点は必ず体より前です。

正面

横

バックハンドでの構え

バックハンドのときにもネットに対して体を正対させる。ラケットの面が相手コートに向いている状態に構える。

 これはNG

体がのけぞる

体の後方に重心があると腕だけで打つことになる。また前方への移動が難しい。

031

05 オーバーヘッドストローク（フォアハンド）

ねらい ▶ 頭上でシャトルを的確に打つ

1 テイクバック
左手を高くあげて、視線と左手を結んだ先にシャトルを見上げる。

2 スイング
ボールを遠くに投げるイメージでラケットを振っていく。

✕ これはNG

足をその場で入れ替える
インパクト時は足をその場で入れ替えず一歩前へ。次のプレーのための移動の遅れを防ぐ。

> Chapter 2　基本の動きと戦術

コーチからのアドバイス

バドミントンの最も基本的なスイングでのストロークです。クリアやスマッシュなどの様々な場面で使われます。重要なのは打点の位置。ラケットを体より前にして、面をネットの白帯に向けて打ち、腕を振り切ります。

③ インパクト

シャトルをとらえる打点は、体の前。体が伸びた状態でとらえるように。

④ フォロースルー

シャトルを打った後は、ラケットを体の反対側に振り切り、一歩前に出る。

 これはNG

前足が浮いてしまう

シャトルを打つ前に前足が浮いていると体の軸がぶれてインパクトが安定しない。

06 オーバーヘッドストロークの練習

ねらい ▶ 正しい打点で体幹を使ったショットを打つ

上体だけで打つ練習

体をネットに正対させ、打点に向けてシャトルを投げてもらう。足は動かさずにその場で体を反らせてシャトルを打つ。打点は体より前。

こんなイメージ

体幹を使って打つ

腕だけでラケットを振るのではなく、体幹全体を使ってシャトルに力を伝える。

Chapter 2 基本の動きと戦術

コーチからのアドバイス

慣れないうちは、シャトルの動きに対応できず、安定した打点で打つことが難しいものです。打ちやすいシャトルを投げてもらい、ネットに正対したまま、正しい打点で打つ練習をすることで、打点の位置を体に覚えさせましょう。

左手を上げて打つ練習

基本は上体だけで打つ練習と同じだが、左手でシャトルの動きを追って、オーバーヘッドストロークの動きに近づける。

ワンランクアップ

基本姿勢で打つ

右足を一歩下げた体勢からシャトルを打つ。インパクトの後は右足を前へ。

ねらい ▶ 体をひねるイメージでシャトルを打つ

07 オーバーヘッドストローク（バックハンド）

1 テイクバック
構えの段階では重心は左足に乗せておく。

2 スイング開始
重心を右足に移しながらスイングを開始する。

 これはNG

親指を立ててスイングする

親指を立てて手首を返そうとすると可動域が小さくなる。

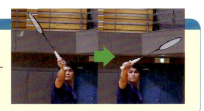

> Chapter 2　基本の動きと戦術

コーチからのアドバイス

バックハンドでは、体のひねりと手首の返しが重要です。頭上にあるシャトルを打つため、ラケットは下から上へ振り上げます。インパクトの瞬間に手首をしっかり返して、ラケットの面が相手コートに向くように打ちましょう。

③ インパクト

ラケットを振り上げるようにしてシャトルを打つ。手首を使ってムチのようなイメージで。

④ フォロースルー

しっかりフォロースルーをした後、スイングの勢いを利用して体を正面に向ける。

こんなイメージ

正しい親指の向きと可動域

基本の握り方で手首を返せば、手首の可動域とスイングは大きくなる。

037

08 ねらい ▶ 体の横でシャトルを力強く打ち返す

サイドアームストローク（フォアハンド）

1 テイクバック
ラケットを立てた状態で、右足を斜め前に踏み出す。

2 スイング
テイクバックでひねった体ごと前に振るイメージでスイング。右足に体重を乗せていく。

✕ これはNG
体をひねりすぎる
右足の位置が真横にあり、打点が後ろになっている。

> Chapter 2　基本の動きと戦術

コーチからのアドバイス

体の横（サイド）にきたシャトルを打ち返すストロークです。打点は体より前、体をひねってスイングすることが基本です。ラケットを立てた状態でテイクバックし、右足にしっかり重心をおき、体を安定させてシャトルを打ちましょう。

3　インパクト

打点は体の前を意識。

4　フォロースルー

手首を返しながらフォロースルー。体が前傾してしまわないように注意。

こんなイメージ

正しい打点は体より前

しっかり右足に乗って、手首を返しながら前に押し出す。

039

09 サイドアームストローク（バックハンド）

ねらい ▶ 体の横でシャトルを力強く打ち返す

1 テイクバック
右足のカカトから床につくと同時にスイングを開始。ラケットヘッドは下げない。

2 スイング
体のひねりを戻しながらスイングする。左足から右足に体重を移動させる。

✕ これはNG
腕を引きつけすぎる
腕を引きつけすぎると、スイングが小さくなりパワーが伝えられない。

こんなイメージ
ヒジが下がらないように注意
ヒジが下がりすぎないように、懐を広く構える。

Chapter 2 基本の動きと戦術

コーチからのアドバイス

基本の構えから体をひねり、そこからラケットを立てた状態のままスイングすることで力強いショットになります。親指で押し出すイメージでインパクトしたら、右足でしっかり踏ん張って体が流れてしまわないようにします。

3 インパクト

インパクトの瞬間は、相手コートに向かって親指で押し出す。

4 フォロースルー

しっかり右足に体重を乗せ、上体が流れないように安定させる。

こんなイメージ

ラケットを押し出すイメージ

インパクトの瞬間は親指でラケットを前に押し出すイメージ。手首は返さない。

041

10 アンダーハンドストローク（フォアハンド）

ねらい ▶ 下に落ちるシャトルを上へ振り抜く

① テイクバック
ラケットの面を相手コートに向け、右足のカカトは打ちたい方向に向ける。

② スイング
体の横をラケットが通るようにスイングする。

✕ これはNG
打点が体から遠すぎる
打点が体から離れてしまうと、動きが小さくなり腕だけのスイングになってしまう。

> Chapter 2　基本の動きと戦術

コーチからのアドバイス

自分より前方に落ちてきたシャトルを打つストロークです。シャトルを飛ばしたい方向（写真はストレート）にラケットの面を向け、そのまま振り抜くのがポイント。右足のカカトから踏み込んで、フォロースルーで上体を起こします。

❸ インパクト

体の前でインパクトしたら、そのまま一気に振り抜く。ボウリングの投球のイメージ。

❹ フォロースルー

踏み込んだ右足の重心を、上体を起こすようにして後ろに戻す。

 これはNG

斜めに振りすぎる

ラケットの面が打ちたい方向に向いていないため、コースが限られる。

11

ねらい ▶ バックハンドで下から上に振り上げる

アンダーハンドストローク（バックハンド）

① テイクバック
ヒジを支点にラケットを後ろに引く。

② スイング
右足をシャトルの方向に向けてカカトから踏み込み、重心を下げながらスイング。

 これはNG

親指を立ててしまう

親指を立てると手首が固定されてしまい、スイングの方向が限られる。

こんなイメージ

基本の握りに立ち返る

基本の握り方をしっかり守り、手首を固定させないようにしよう。

Chapter 2　基本の動きと戦術

コーチからのアドバイス

フォアハンドと異なり、ヒジからコンパクトに振ります。ラケットの面は、フォアハンドと同じくまっすぐ打ちたい方向に向けて振り抜きます。右足にしっかり乗り込みながらスイングすれば、力強いショットが打てます。

③ インパクト

飛ばしたい方向にラケットの面を向けてシャトルを打つ。

④ フォロースルー

踏み込んだ右足の重心を、上体を起こしながら後ろに戻す。

 これはNG

体が開いてしまう

体が開いてしまうと、自分から見て右方向にシャトルが流れてしまう。

045

12 フォア側前方へのフットワーク

ねらい ▶ シャトル落下位置とホームポジションの間を素早く移動

① 右足から踏み出す
右足を踏み出し、左足を右足の前に交差させるように踏み出す。

② 右足を踏み出しスイング
シャトルが落ちるポジションに右足を踏み込んでスイング。

こんなイメージ

ラケットがサイドラインに届く

練習するときは、ラケットヘッドがネット際のサイドライン（シングルス）に届くまで移動する。

> Chapter 2　基本の動きと戦術

コーチからのアドバイス

フォア側前方に落ちてくるシャトルまで素早く移動し、打ってホームポジションに戻るまでのフットワークです。シャトルを打った後は、軽く飛び上がるように2ステップでホームポジションに戻り、次のショットに備えます。

❸ スイング後はサイドステップ

スイングした後は、右足を左に添えるように引き、2ステップで戻る。足を交差させない。

こんなイメージ

足を横に揃える

ホームポジションに戻ったときは、基本の構え通りに足の位置を横に揃える。

13 バック側前方への フットワーク

ねらい ▶ バック側前方とホームポジションの間を素早く移動

① 左足から踏み出す
ホームからバック側前方に向かって左足を踏み出す。

② 右足を踏み出しスイング
右足を踏み出してカカトから着地し、バックハンドでスイング。

こんなイメージ
体を相手コートに正対
スイング後ホームポジションに戻る際には、右足を戻しながら体は相手コートに正対させる。

Chapter 2　基本の動きと戦術

コーチからのアドバイス

バック側前方に落ちてくるシャトルを打ち、素早く戻るためのフットワークです。左足から踏み出して、軸となる右足でシャトルが落ちるポジションに移動し、しっかり重心をかけて打ちます。スイングしたら、2ステップでホームポジションに戻ります。

③ サイドステップで戻る

右足から左足に重心を移し2ステップでホームポジションに戻り、次に備える。

こんなイメージ

戻ったとき足の前後を揃える

ホームポジションに戻ったときには足が前後せず、基本の構えになっていることが重要。

049

14 フォア側サイドへのフットワーク

ねらい ▶ フォア側サイドとホームポジションの間を素早く移動

1 左足を右足の後ろに

ホームポジションから左足を右足後ろにクロスさせて、上体をひねる。

しっかりラケットを立てる

フットワークの際、ラケットは立てた状態で移動する。

2 右足カカトからシャトルの位置へ

右足のカカトから踏み込んでシャトルが落ちる位置に移動し、スイングする。

後ろにクロスさせる

必ず左足を右足の後ろにクロスさせる。前にクロスすると相手に背中を向けてしまう。

> Chapter 2　基本の動きと戦術

コーチからのアドバイス

真横に移動するフットワークのポイントは、1歩目の左足を右足後ろでクロスさせて移動すること。次に右足のカカトから踏み込んで重心をかけたらスイングします。その後は、サイドステップでホームポジションに戻ります。

③ スイング後はサイドステップで

スイング後は上体を起こして左足に重心を移し、サイドステップでホームポジションに戻る。

こんなイメージ

戻るときは常にサイドステップ

移動する際は足をクロスさせるが、戻る際には次の準備をしながらサイドステップを使うこと。

15 バック側サイドへのフットワーク

ねらい ▶ 体勢を崩さずバック側サイドに移動して戻る

❶ 真横に左足を踏み出す
相手コートをしっかり見ながら、左足を真横に踏み出す。

❷ 右足でシャトルが落ちる位置へ
シャトルが落ちる近くに右足をカカトから着地させて踏み出し、スイングする。

こんなイメージ
後ろを向きすぎない
バックハンドでスイングする際、後ろを向きすぎないこと。相手コートをしっかり見ながら打つ。

> **Chapter 2** 基本の動きと戦術

コーチからのアドバイス

バック側サイドへのフットワークでは左足を横に踏み出し、右足のカカトから着地させてシャトルが落ちるポジションに移動します。インパクトの後は、スイングの勢いを生かして上体と右足を戻し、サイドステップでホームポジションに戻ります。

③ サイドステップで戻る

スイングの勢いを生かして上体を起こし、右足、左足の順番でホームポジションに戻る。

こんなイメージ

前に出した右足を戻してから

スイングした後、まず右足を戻して体を正面に向けてからサイドステップで戻る。

16 フォア側後方へのフットワーク

ねらい ▶ 体勢を崩さずにフォア側後方へ移動して戻る

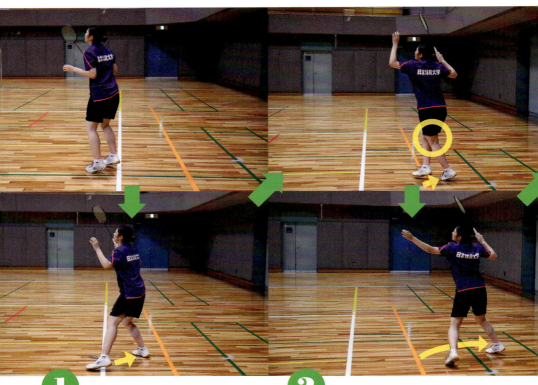

① 右足を後方に引く
両足で軽く跳ぶようにして、右足を大きくフォア側後方に引く。

② 左足をクロスして後方へ
左足を右足後方にクロスさせ、さらに右足を後方に引いてスイング体勢を作る。

こんなイメージ
ラケットを立てて移動する
ラケットを立てて打つ準備をしながら、後ろにフットワークする。

Chapter 2 基本の動きと戦術

コーチからのアドバイス

後方へのフットワークではいかに体勢を崩さないように移動するかがポイントです。フォア側の基本は1歩目で右足を後ろに引いてから、左足をクロスさせて、3歩目の右足でしっかりスイングの体勢を作ること。慣れないうちはフットワークだけ練習しましょう。

3 スイングの勢いで踏み出す

スイングした勢いのまま、右足を前に踏み出す。

4 左足を引き寄せて戻る

左足を引き寄せながら、前方に軽く2回跳んでホームポジションに戻る。

これはNG

右足が前になっている

落下とのタイミングが合わずスイング直前に右足が前になってしまうと、体重を乗せたスイングができない。

17 バック側後方へのフットワーク

ねらい ▶ 体勢を崩さずにバック側後方へ移動して戻る

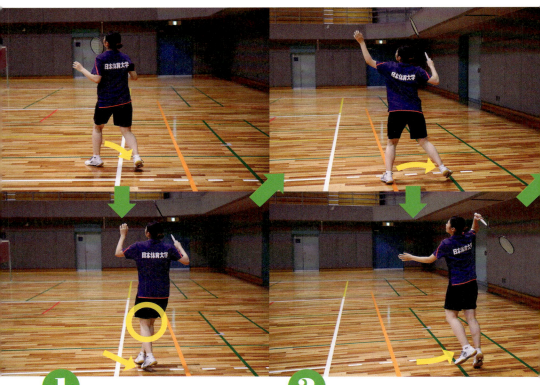

① 右足の後ろに左足をクロス
右足を後ろに引き、その後ろを通るように左足を引く。

② 右足を後方へ
シャトルが落ちる後方に向かって右足を引き、スイングの体勢に移る。

こんなイメージ

右足から下がって体を回す

1歩目は右足から動くが鉄則。右足を後ろに下げながら体を90度回す。

Chapter 2　基本の動きと戦術

コーチからのアドバイス

後方へのフットワークは「右、左、右」という3ステップが基本です。右足を後方に引いて、左足で移動し、次の右足に重心を乗せてスイングの体勢を作ります。この写真では、打ち方はフォアハンドでのオーバーヘッドストロークを用いています。

❸ スイングの勢いで踏み出す

スイングした勢いで右足を前に踏み出し、左足を引き寄せながら前に軽く跳ぶ。

❹ ホームポジションに戻る

さらに右足を前に踏み出し、左足を引き寄せて、ホームポジションへ戻る。

こんなイメージ

打ちながら前に出る

高い打点でしっかりスイングし、打ちながら前に出るイメージで戻る。

057

18 跳びつき

ねらい ▶ ジャンプして最短の移動時間でシャトルを打つ

フォア側

1 ジャンプしてスイング

右足に重心を乗せ、シャトルが落ちてくる位置に向かって跳び、最高到達点でスイング。

2 ホームポジションへ戻る

両足で着地し、サイドステップの要領ですぐにホームポジションに戻る。

✗ これはNG
片足で着地する

片足での着地では次の動作への対応が遅れる。しっかり両足で着地する。

ワンランクアップ
左右に跳びつき続ける

着地してもホームポジションに戻らず、すぐに反対側に跳びつく練習をする。

Chapter 2 基本の動きと戦術

コーチからのアドバイス

「跳びつき」は、フットワークでは間に合わない場合でも、ジャンプして最短の移動時間でシャトルを打つこと。構えたらジャンプしてスイングし、サイドステップでホームポジションに戻ります。左右どちらにも対応できるよう、練習しておきましょう。

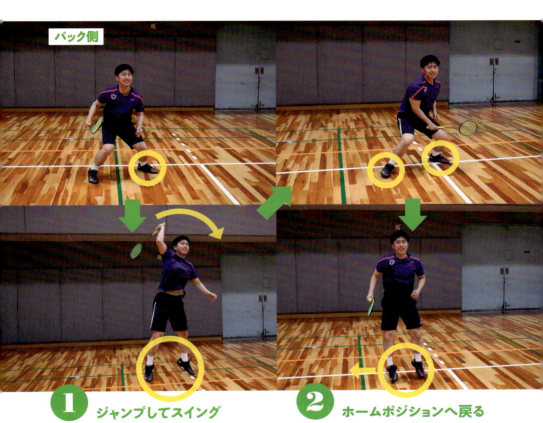

バック側

1 ジャンプしてスイング

左足に重心を乗せ、シャトルが落ちてくる位置に向かって跳び、最高到達点でスイング。

2 ホームポジションへ戻る

両足で着地し、サイドステップの要領ですぐにホームポジションに戻る。

ワンランクアップ

2本のラインでジャンプの練習

2本のロングサービスラインを踏まないように、足を揃えてジャンプで往復する。

19 フットワークの練習

ねらい ▶ 俊敏なフットワークを習得する

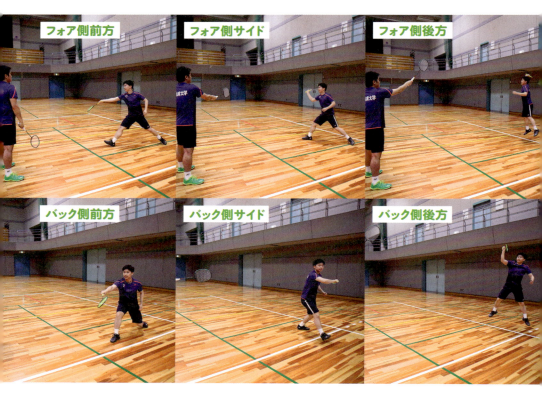

一歩だけ踏み出す

ホームポジションから指示された方向に一歩踏み出してスイングし、ホームポジションに戻る。連続して行う。

ワンランクアップ

ホイッスルでスピードに緩急をつける

ラケットではなくホイッスルを使って指示を出し、スピードの緩急をつける練習で実際の動きに近づける。

> Chapter 2　基本の動きと戦術

コーチからのアドバイス

ホームポジションに立ち、指示者がラケットで示す通りに、フォア側とバック側の前方、サイド、後方の6方向いずれかに向かって動き、スイングをする練習です。試合に求められる俊敏なフットワークを身につけましょう。

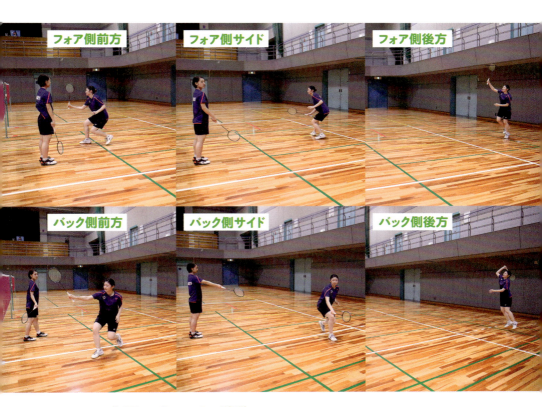

全面フットワークで移動

ホームポジションから指示された方向にコートの端までフットワークで移動、スイングしてホームポジションに戻る。連続して行う。

ワンランクアップ

ホームポジションでも動き続ける

ホームポジションで指示を待つ間にも、素振りや足踏み（タッピング）をして、動き続ける。

バドミントンのすごさ

　2013年7月28日、マレーシアのタン・ブンホン選手が放ったスマッシュの初速が、時速493kmを記録しギネスブック世界記録に登録されました。人間が出したスピードとして、あらゆるスポーツの中で最高速といえるでしょう。初心者や競技を観戦している人には、一瞬シャトルが見えなくなるようなスピードです。

　これはスマッシュを放った直後の初速ですが、実際に相手コートに届く頃には、時速80kmくらいまでスピードが落ちます。15mに満たない距離でこれだけスピードが変化するというのも、バドミントンのすごさであり面白さです。テニスや卓球のようにバウンドを伴わないため、返球までの時間が短い中でラリーが続くのも、バドミントンの特徴といえます。

　これほどのトップスピードとスピードの変化に対応するには、目でシャトルを追いかけるというよりは、やはり予測で動くことが求められます。予測し合うスポーツであるがゆえに、競技では互いにフェイントやだまし合いなど、駆け引きも重要になります。いかに相手の裏をかくかということも、バドミントンの大切な戦術なのです。

Chapter

3

攻撃ワザの
練習メニュー

得点のチャンスをムダにしないために、攻撃ワザを学ぼう。
君の憧れるワザもきっとここにある。

ねらい ▶ 低くスピードのあるショットを打ち込む

01 ドライブ

 バックハンドでの構え
顔の前くらいの高さにラケットを持って、基本の構えで準備する。

 テイクバック
懐を広く、テイクバックする。ヒジが上がりすぎないように注意。

 これはNG

ヒジが伸びきっている
ヒジが伸びきっていてヒジが使えないと力が伝わらずスピードあるショットにならない。

Chapter 3　攻撃ワザの練習メニュー

コーチからのアドバイス

低い軌道でスピードのあるショットです。ポイントは、ラケットの面の向き。ネットの白帯に向け、弾くように押し出します。手首だけでなくヒジを使い、前に押し出すイメージで打ちましょう。親指を立てて打つと、力を有効に伝えられます。

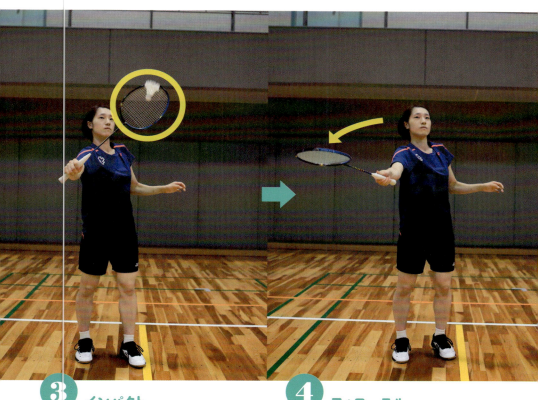

③ インパクト

ラケットの面は白帯に向け、グリップを握る親指を立てて押し出すように打つ。

④ フォロースルー

ヒジを使って前へ押し出すようにフォロースルー。ラケットは下まで振り切らない。

ワンランクアップ

バックハンドで対応

フォア側でも右写真付近はバックハンドで対応すると、次の動作が早くなる。

065

02 プッシュ

ねらい ▶ ネット前から鋭く速い球を打ち込む

1 テイクバック
ヒジを支点にしてラケットを基本姿勢の位置から後方に引く。

2 インパクト
手首だけを使って弾くようにインパクト。打点は顔より前。

✕ これはNG

打点が後ろ
打点が顔より後方、頭の真上にあると、うまく打ち込めない。

Chapter 3 攻撃ワザの練習メニュー

コーチからのアドバイス

自陣コート前方の上から相手コートに鋭く押し込む決め球です。手首を使って、相手の胸より下をめがけて打ちます。ポイントになるのが、打点。顔の前でラケットを構え、打ったらすぐに次の返球に対応できるよう準備します。

③ フォロースルー

すぐに相手からの返球に対応できるように、ラケットを下に振り切らない。

打点は顔の前方

プッシュのポイントは、ラケットを構えて打つ位置が顔の前であること。

 これはNG

振り下ろしてしまう

インパクトの後にラケットを振り下ろしてしまうと、次の動作までが遅くなる。

067

ねらい ▶ ネット前のシャトルを相手のネット前に落とす

03 ヘアピン

① 構え
足は打つ方向に向けて踏み出す。

② 手首を上に
さらに踏み出しながら、ラケットを顔の前、手首を上に向ける。

 こんなイメージ

バックハンドも小さい動きで

バックハンドもフォア同様、目線の高さでラケットを上に押し出すようにして打つ。

Chapter 3　攻撃ワザの練習メニュー

コーチからのアドバイス

ネット前に落とされたシャトルを、相手のコート前方に返すのがヘアピンです。ラケットの位置は目線の高さ、白帯をめがけて打ちます。ラケットを動かしすぎず、手首を柔らかく保ち、持ち上げるように打ちましょう。

3 インパクト
目線の高さでラケットの面を白帯に向け、白帯をめがけて打つ。

4 インパクトした後
ラケットは下げずに、上へ押し出すようにする。

 これはNG

インパクト後にラケットが下がる

ネット際の攻防なので、返球までの時間が短い。インパクト後に手が下がってしまうと次の動きに体が対応できない。

069

ねらい ▶ 高い打点から力強く打つ

04 スマッシュ

1 テイクバック
シャトルの落下地点に入り、右足に体重を乗せて力をためながら、ヒジを後方に引く。

2 スイング
左手を体の側面に引き付け、肩からスイングを開始する。

こんなイメージ

打点は体の前

打点の位置がポイント。しっかり力を伝えるためにも体の前方で打つ。

Chapter 3 攻撃ワザの練習メニュー

コーチからのアドバイス

スマッシュは攻撃の要です。自陣後方から角度をつけて力強く打ち込みます。ポイントは、最高到達点でしっかりと体重を乗せること。スイングスピードとシャトルのスピードは比例します。よりスピードをつけて打ち込めるように練習しましょう。

❸ インパクト

左腕をさらに体に引きつけ、高い打点でヒット。下半身から上半身へと力を伝えて打つ。

❹ フォロースルー

力強く振り抜き、右足は1歩前に出して、ホームポジションに戻りやすくする。

✕ これはNG
打点が後ろにある

打点が後ろにあると力が伝わらない。シャトルの落下地点に素早く入ろう。

✕ これはNG
体を倒しすぎる

体を倒しすぎると力は伝わりにくい。体は止めて腕の振りを生かして打つ。

071

05 ショートドライブ

ねらい ▶ 低い軌道でスピードあるショットを打ち込む

1 テイクバック
ショートサービスライン付近で立てたラケットのヘッドを引いていく。

2 スイング
手首を開き、ラケットの面が白帯に向くように振っていく。

✗ これはNG

打点が体から離れる
打点が離れると、スピードが生まれない。シャトルの位置に素早く動いて打つ。

Chapter 3 攻撃ワザの練習メニュー

コーチからのアドバイス

自陣前方から相手コートの前方へ、低い軌道を描く鋭いショットがショートドライブです。ショートドライブのポイントは、腕を大きく振らないこと。力を入れず軽く白帯に向かって小さく打ちます。弾くのではなく、面を押し出すイメージです。

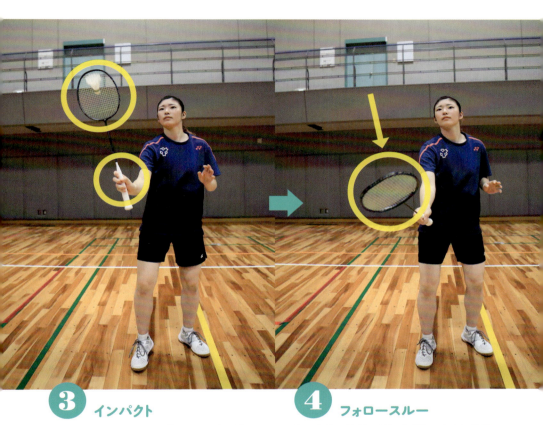

3 インパクト

手首とヒジを固定させ、弾くのではなく鋭く面を押し出すように打つ。

4 フォロースルー

打った後の腕が下がりすぎないように注意。

 これはNG

打った後に腕が下がる

腕が下がりすぎると、力が伝わらない上に、相手からの返球に対応できない。

073

06 カット

ねらい ▶ ラケットの面を切り、体の向きとは逆に落とす

1 テイクバック
シャトルの落下地点に素早く移動し、右足に体重を乗せて力をためながら、ヒジを引く。

2 スイング
体をストレートに向けたまま、インパクトの直前まではスマッシュと同じように動く。

 これはNG

体の向きがクロス方向

最初から体の向きがクロス方向では、カットの意味がない。

Chapter 3 攻撃ワザの練習メニュー

コーチからのアドバイス

ラケットの面を切ることでシャトルの方向に変化をつけ、相手をだますショットです。体はストレートに向いたままシャトルはクロス方向へ打ちます。体の正面でシャトルをとらえ、外側から内側へラケットの面を切るように打つのがポイントです。

3 インパクト
ラケットの面をクロス方向に向けて、丸く弧を描くように打つ。

4 フォロースルー
インパクト後は、クロス側にラケットの面が向くようにする。

ワンランクアップ

リバースカット

クロスと逆方向に球を飛ばす。ラケットの面を外側に向けて下へ振り下ろす。

07 クロスヘアピン

ねらい ▶ 手首を使ってクロス方向ネット前に落とす

1 テイクバック
右足を踏み出しながら、ラケットを斜めに構える。

2 スイング
ラケットの面を打ちたい方向（クロス）に向けて振っていく。

こんなイメージ

バックハンドの打ち方

フォア同様、ラケットの面を打ちたい方向に振ることをしっかり意識しよう。

> **コーチからのアドバイス**
>
> ヘアピンの応用で、クロス方向ネット前に落とすショットです。フォア、バックともに打ちたい方向にラケットの面を向けて振ることがポイントで、切ってはいけません。手首をやわらかく使って、白帯の中央を狙います。

❸ インパクト

手首を使い、白帯中央のすぐ上を越えるコースを狙って打つ。

❹ フォロースルー

シャトルを押し出したあと、下まで振り切らないように注意。

こんなイメージ

コースは白帯中央

コースの狙いどころは白帯中央の上。バックハンドも同様。

✕ これはNG

シャトルを切って回転をかけてしまう

シャトルを切って打つとスピードが遅くなる。

ねらい ▶ シャトルにスピン（横回転）をかけてネット際に落とす

スピンヘアピン

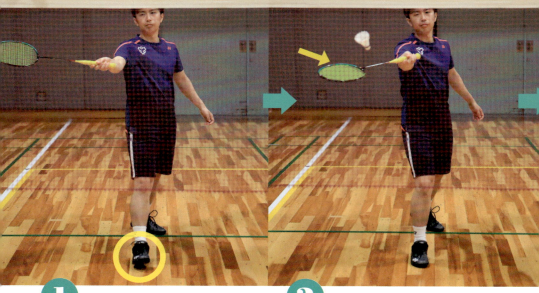

1 構え
右足を前に踏み出して、打点を目線の高さに置いて、ラケットを構える。

2 面を作ってスイング
白帯をめがけてラケットの面を作り、切るように振っていく。

✕ これはNG
切りすぎる
切りすぎるとシャトルに力が伝わらず、ネットにかかってしまう。

> Chapter 3　攻撃ワザの練習メニュー

コーチからのアドバイス

ヘアピンの応用で、クロス方向ネット前に落とすショットです。フォア、バックともに打ちたい方向にラケットの面を向けて振ることがポイントで、切ってはいけません。手首をやわらかく使って、白帯の中央を狙います。

3 インパクト

手首を使い、白帯中央のすぐ上を越えるコースを狙って打つ。

こんなイメージ

コースは白帯中央

コースの狙いどころは白帯中央の上。バックハンドも同様。

4 フォロースルー

シャトルを押し出したあと、下まで振り切らないように注意。

これはNG

シャトルを切って回転をかけてしまう

シャトルを切って打つとスピードが遅くなる。

スピンヘアピン

ねらい ▶ シャトルにスピン（横回転）をかけてネット際に落とす

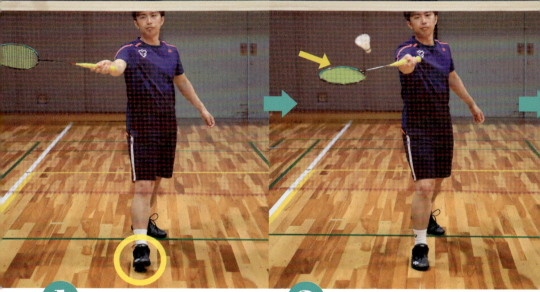

1 構え
右足を前に踏み出して、打点を目線の高さに置いて、ラケットを構える。

2 面を作ってスイング
白帯をめがけてラケットの面を作り、切るように振っていく。

これはNG

切りすぎる

切りすぎるとシャトルに力が伝わらず、ネットにかかってしまう。

Chapter 3 攻撃ワザの練習メニュー

コーチからのアドバイス

スピンヘアピンは、シャトルにスピン（横回転）をかけてネット際に落とす、高度なテクニックです。基本は外から内側へ切りますが、内から外へ、さらに前へ切って回転をかける方法もあります。目線の高さでラケット面を白帯に向けることがポイントです。

3 インパクト
横にスライドさせるようにシャトルを外側から内側へ切って横回転をかける。

4 フォロースルー
上に浮かせるイメージでシャトルを落とす。コルクが上を向いて飛ぶ。

ワンランクアップ

逆方向に切る

クロスからきたシャトルは内から外へ切る。切りすぎると外に流れるので注意しよう。

079

ねらい ▶ タッチ・ザ・ネットを避けて効果的にプッシュする

ワイパーショット

1 テイクバック
ヒジを固定させて手首を返し、ラケットヘッドを後ろに引く。

2 スイング
手首を使い、横からスイングする。

✗ これはNG

タッチ・ザ・ネット
ラケットや体の一部がネットに触れたらフォルト。相手の得点になる。

> Chapter 3 攻撃ワザの練習メニュー

コーチからのアドバイス

ネット際ぎりぎりのプッシュでもフォルトしない打ち方です。自動車のワイパーのようにラケットを横方向にスイングさせ、タッチ・ザ・ネットを防ぎます。手首を使ってシャトルを打ち、ヒジを支点に横にスライドさせるイメージです。

③ インパクト

ネットぎりぎりで打つが、ラケットやシャトルは自陣になくてはならない。

④ フォロースルー

ワイパーのように横方向にスライドさせてタッチ・ザ・ネットを防ぐ。

 これはNG

オーバー・ザ・ネット

インパクトの前にラケットがネットを越えたらフォルト。打ち急いだときに起こりやすい。

081

ねらい ▶ ジャンプした高さの打点から強打を放つ

10 ジャンピングスマッシュ

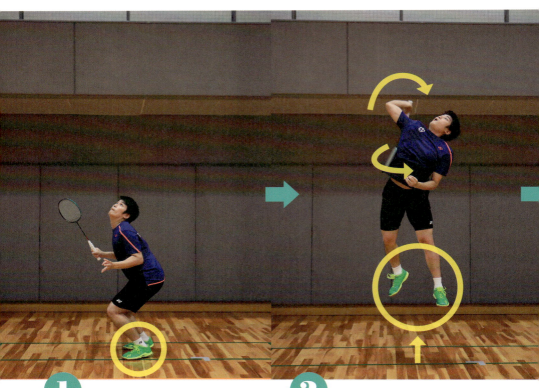

1 構え
シャトルの落下地点に素早く移動し、両足を揃えてジャンプの準備をする。

2 ジャンプとテイクバック
真上に跳び上がり、体を正面に戻しながら肩を上げてテイクバック。

これはNG

落ちたところで打つ
体が落ちてから打っては意味がない。ジャンプしたところでインパクトする練習をしよう。

> Chapter 3　攻撃ワザの練習メニュー

コーチからのアドバイス

自陣後方でジャンプし、最高到達点でシャトルをとらえてスマッシュを放ちます。角度がつくことで、最短距離で相手コートに打ち込める決め球です。ポイントはシャトルの落下地点に正確に入ること。練習で落下速度も覚えましょう。

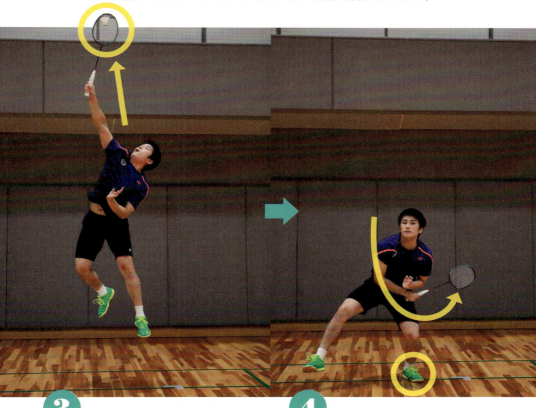

❸ インパクト

体重を乗せてスイングし、最高到達点でシャトルをとらえる。

❹ 着地

上体を締めるように振り抜きながら、左足で着地。右足で次の動作に備える。

❌ これはNG

軌道が山なりになる

角度がつかず軌道が山なりではスマッシュの意味がない。ダブルスのロングサービスラインより前に落とすイメージで。

❌ これはNG

スイングを止める

腕は最後まで振り切ることが重要。そうでないと、しっかりした強打にならない。

ねらい ▶ コート後方から相手コート前方へシャトルを落とす

ドロップ

1 構え
スマッシュの構えで準備する。

2 テイクバックとスイング
テイクバックで力を緩めず、高い打点でシャトルをとらえるようにする。

スイングを止めてしまう
インパクト後にスイングを止めてしまうと、明らかにドロップと相手にわかってしまう。

Chapter 3　攻撃ワザの練習メニュー

コーチからのアドバイス

自陣後方からスマッシュを打つと見せかけて、相手コートの前方に落とすショットです。テイクバックまではスマッシュと同様ですが、やわらかくインパクトします。ラケットはしっかり振り切り、角度をつけて相手コート前方に落としましょう。

③ インパクト
ラケットの面を打ちたい方向に向けてインパクト。

④ フォロースルー
スイングを止めずに押し出すように振り切る。

 これはNG

軌道が山なりになる

シャトルが浮き、軌道が山なりにならないように注意。打点より浮かない軌道にし、ショートサービスラインより前に落とす。

085

12 ねらい ▶ 低い軌道で速い球を相手コート奥に打ち込む

ドリブンクリア

① 構え
シャトルの落下地点に素早く移動し、オーバーヘッドストロークの基本の構えをする。

② テイクバック
上体をしっかり反らせる。

> **こんなイメージ**
>
> **打点は体の前**
> 高く上げるクリアと違い、ドリブンクリアは低く鋭い軌道。打球が浮かないように、打点は体の前。

Chapter 3 攻撃ワザの練習メニュー

コーチからのアドバイス

相手コート奥へ高く打ち上げて返すクリアを、低い軌道で打ち込むのがドリブンクリアです。鋭く飛距離のあるショットを打つには、体幹をしっかり使うことがポイント。オーバーヘッドストロークの基本である上体を反らせた姿勢からスイングします。

3 インパクト

体の前方、高い打点でシャトルを打つ。

4 フォロースルー

鋭いショットにするためにしっかり振り抜く。

ワンランクアップ

飛距離を調整

打球がバックラインを超えそうなときは、ラケットの面でシャトルを切るようにして短くする。

強豪・日本の躍進の理由

　近年、日本代表選手は目覚ましい活躍を見せています。オリンピックや世界選手権などで日本人対決が見られることも珍しくなくなってきました。

　大きなターニングポイントになったのが、2004年アテネオリンピック以降、日本代表チームに朴柱奉（パク・ジュボン）ヘッドコーチが就任したことです。朴コーチは、バドミントンがオリンピックで初めて正式競技となった1992年バルセロナ大会、続くアトランタ大会に現役時代を過ごし、それぞれ金、銀メダルを獲得、現役引退後にはイギリスやマレーシアでコーチを歴任していました。

　アテネ大会以前の日本選手には、「技術力は高いのに勝てない」というジレンマがありましたが、まさにそこに朴コーチがメスを入れました。国際大会前に代表合宿を組み、練習環境や意識を変えていったのです。

　日本人選手の持ち味は、粘り強くミスが少ないこと。ラリーポイント制のバドミントンでは、ミスが少ないことはとても大きな武器になります。こうした日本人選手のよさを徹底的に伸ばしてきた結果が、現在の強さにつながっているのです。ネットを挟む対戦型競技であるバドミントンでは、身長などの体格差が競技に影響しにくいことも、日本選手が活躍しやすい背景といえるでしょう。

Chapter

4

守備ワザの
練習メニュー

相手が強敵なら、なおさら必要になるのが守りの力だ。
試合の流れを変えるためにその打ち方を覚えよう。

01

ねらい ▶ 相手コート奥を狙うサービスを覚える

フォアハンドの ロングサービス

1 テイクバック

高く、遠くに打ち込むため大きくテイクバック。

2 スイング

頭から左足までが直線となる軸を作って、足元近くにシャトルを落とす。

狙うのは相手コート奥

ロングサービスで図の位置を狙う。これより短いと相手のチャンスに。

打点が前すぎる

打点が前すぎると、ラケット面が上を向き、相手コート奥に届かない。

| Chapter 4 | 守備ワザの練習メニュー |

コーチからのアドバイス

フォアサービスは、ロングサービスの基本です。大切なのはコース。相手コート奥を狙い、的確に打つことが求められます。打ち方の基本は、ラケットを振りやすい位置にシャトルを落とすこと。ラケットを振り上げすぎないようにしましょう。

③ インパクト
体の少し前でしっかりインパクト。

④ フォロースルー
上体を起こしてしっかり振り切る。

 これはNG

サービスのフォルト

サービスの際にラインを踏んだり、またいだり、片足がコート床から離れたりすると、フォルトになる。

02 バックハンドの ショートサービス

ねらい ▶ 基本のバックハンドサービスを覚える

1 構え
シャトルは直立したときのヒジの高さよりも低い位置で構える。

2 テイクバック
懐を広く保ち、テイクバックをとる。

 こんなイメージ

狙うのはショートサービスライン付近

白帯ぎりぎりの高さでショートサービスライン付近を狙う。浮いてしまうと相手のチャンスになる。

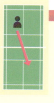

Chapter 4　守備ワザの練習メニュー

コーチからのアドバイス

ショートサービスの基本となるのが、バックサービスです。ポイントは、懐を広くして、テイクバックをしっかりとって押し出すこと。手首だけで打つのではなく、ヒジで押し出します。シャトル全体を床から1.15m以下の位置にしなければなりません。

3 インパクト

インパクトの位置はウエストよりも高くならないぐらいを目安にする。

4 フォロースルー

インパクト後、ヒジが伸びたところで止める。

 これはNG

高すぎるとフォルト

ルール上、シャトルが床から1.15mよりも高いと、フォルトとなる。

03 サービスの練習

ねらい ▶ バックハンドでのコースの狙い方を練習する

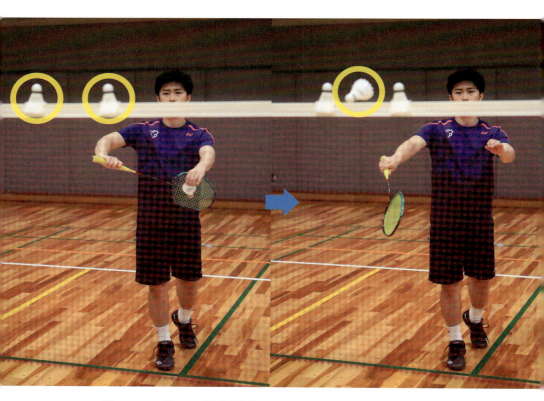

2つのシャトルの間を通す

ネット中央付近に20cmほどの間隔で2つのシャトルをさし、その間を通るコースでサービスを打つ。

ワンランクアップ

カゴを狙ってサービスする

コースを狙う練習の応用。右図の丸印の位置にカゴを置き、その中に打ったシャトルを入れる。

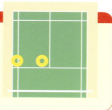

Chapter 4　守備ワザの練習メニュー

コーチからのアドバイス

白帯ギリギリの高さでショートサービスラインを狙うバックハンドのサービスは、的確な軌道とコースで打つことがポイント。2つのシャトルの間を通す練習、コルクに当ててシャトルを落とす練習をして、ゲーム感覚で磨きをかけましょう。

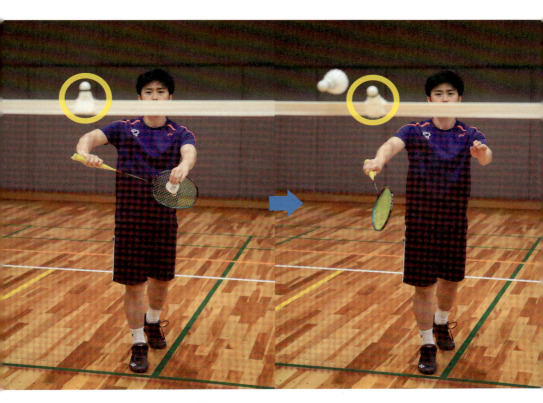

シャトルを打ち落とす

ネット中央にシャトルをさし、コルクを狙ってサービスを打ち、シャトルを落とす。

ワンランクアップ

ロングサービスを練習する

ダブルスでのロングサービスの狙い所（図の丸印）にカゴを置いて狙う。後方中央とサイドは返球の対応がしやすい。

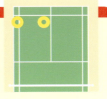

ねらい ▶ プッシュを打ち返すためのレシーブをマスターする

04 プッシュレシーブ

① テイクバック

やや前かがみの姿勢で懐を広く保ち、手首を支点にラケットを引き寄せる。

こんなイメージ

バックハンドで対応する範囲

返球が早く次の動作へ移行しやすいのがバックハンドの利点。写真のように、対応できる範囲は広い。

| Chapter 4 | 守備ワザの練習メニュー |

コーチからのアドバイス

相手からプッシュを打ち込まれた際のレシーブです。フォア、バックハンド、どちらでもレシーブしますが、素早く対応できるバックハンドが主流です。ポイントは、親指を使ってヒジから押し出すイメージ。面を打つ方向にしっかり向けます。

② インパクト
ラケットの面を打つ方向にしっかり向けて打つ。

③ フォロースルー
ヒジから押し出すようにスイングする。

これはNG

体の動きが大きすぎる

体の動きが大きすぎると次の動作が遅れる。懐を広く保って振るイメージで。

05 ロビング

ねらい ▶ 高くて大きな返球で相手を後方へ下がらせる

1 落下地点に踏み込む
シャトルの落下地点に向かって利き足を大きく踏み込む。

2 テイクバック
インパクトの瞬間にラケットの面が打つ方向に向くようにテイクバックをとる。

こんなイメージ
バックハンドの打点
踏み込んだ利き足のやや先でインパクトする。

Chapter 4　守備ワザの練習メニュー

コーチからのアドバイス

ロビングは、高く、奥を狙い、相手をコート後方に下がらせるための返球です。ポイントは、上体を起こしたまま利き足をしっかり前に出して、大きく振り抜くこと。インパクトの際には、ラケットの面を打ちたい方向にしっかり向けることを意識しましょう。

③ インパクト
上体を起こしたまま、体の前でインパクトする。

④ フォロースルー
大きく振り抜く。

 これはNG

体が倒れすぎる

上体が前かがみになるとフォロースルーが小さくなり、高く遠くへ打てない。

099

06 ねらい ▶ フォアのオーバーヘッドで相手コート後方に打つ

フォアハンドハイクリア

1 シャトルの落下地点へ
シャトルの落下地点、真下に入るように素早く移動する。

2 テイクバックとスイング
テイクバックの後、上げた左腕を体に引きつけながらスイング。

✗ これはNG
下がりながら打つ
シャトルの落下地点への移動が間に合わず、下がりながら打つと力が伝わらず高く打てない。

Chapter 4　守備ワザの練習メニュー

コーチからのアドバイス

クリアは相手コート奥に大きく打つショットです。フォアのオーバーヘッドでのポイントは、シャトルの落下地点に正確に入り、後ろから前へ体重を移動させて打つこと。高い打点からラケットを振り切ることで高く、遠くに飛ばすことができます。

３ インパクト
重心を後ろから前へ移動させながらインパクト。

４ フォロースルー
しっかり振り切る。軌道は高いほどいい。

こんなイメージ

高く打って飛距離を調整

シャトルがバックラインを超えてしまう場合、高く打つことを意識すればコート後方に入る。

07 バックハンドハイクリア

ねらい ▶ バックハンドで高く相手コート後方に打つ

1 テイクバック
シャトルの落下地点に素早く移動し、真下に入る。

2 スイング
右足をカカトから踏み込む。高い打点でインパクトできるようにヒジを上げる。

 これはNG

肩から回してしまう
手首を使わずに肩から回して打つと、スイングが小さくなり高く遠くに飛ばない。

Chapter 4 守備ワザの練習メニュー

コーチからのアドバイス

バックハンドでのハイクリアのポイントは、手首からヒジを鞭のようにしならせて打つこと。手首をしっかり返すことでラケットに遠心力が生まれ、高く、遠くにシャトルを飛ばせます。ラケットの面を打つ方向に向けることを意識しましょう。

③ インパクト
ラケットの面を打つ方向に向けてインパクト。

④ フォロースルー
手首をしっかり返して、振り切る。

こんなイメージ

手首を返す

写真のようにしっかり手首を返すことが、バックハイクリアのポイント。

08 ロングのスマッシュレシーブ

ねらい ▶ 相手のスマッシュを相手コート後方に返球

① 構え
バックハンドで構えて準備する。

② テイクバック
懐を広く保ち、テイクバック。面を打つ方向に向けることを意識する。

 これはNG

腕だけで振る
打点が体から遠く、腕だけでラケットを振ると、狙ったコース、軌道で打てない。

Chapter 4　守備ワザの練習メニュー

コーチからのアドバイス

角度あるスマッシュに対して、相手コート後方に返球できれば、相手は攻めにくくなります。バックハンドで構え、体でラケットの面を上げていくイメージで打ちます。低い軌道では相手のチャンスになります。高く上げましょう。

③ インパクト
上体を起こして打つ。打点は体の前。

④ フォロースルー
体でラケットの面を上げていくイメージで、頭上まで振り切る。

 これはNG

打点が体に近すぎる

打点が体に近すぎるとテイクバックがとれず、高く打つことができない。

105

09 ショート&ミドルのスマッシュレシーブ

ねらい ▶ スマッシュを相手コートへ短く返球する

1 構え
素早くシャトルの落下地点に入り、構える。

2 テイクバック
ラケットの面を作ってテイクバックをとる。上体を動かさない。

 これはNG

打点が近すぎる
懐が狭く、打点が体に近すぎると狙ったコースに打てない。

Chapter 4 守備ワザの練習メニュー

コーチからのアドバイス

スマッシュを相手コートの手前に短く返球するのがショートレシーブ、ドライブで返球するのがミドルレシーブです。構えでラケットの面を作ったら、インパクトだけで返せばショート、前に押し出すとドライブになります。

③ インパクト
白帯の上ギリギリを狙って打つ。ここでも上体を動かさない。

④ フォロースルー
ショートの場合は、インパクトで止める。ミドルはインパクト後、腕を押し出す。

 こんなイメージ

ショートとミドルのインパクト

ショートは懐を広く保ち、インパクトだけで打つ。上体は動かさない。ミドルはインパクト後に腕を押し出す。

107

バドミントン観戦のポイント

　テレビでも多くの大会が中継されるようになりました。バドミントン観戦最大の見所は、シャトルのスピードと、それぞれの選手の戦い方やプレースタイルの個性の違いです。

　バドミントンの戦い方には、大きく分けてオフェンス型、ディフェンス型、オールラウンド型の3つがあります。スピードとパワーのあるスマッシュをガンガン打ち込むのがオフェンス型、どんな攻撃も拾い空いたスペースを狙って効果的なショットを打つディフェンス型、そしてオフェンスとディフェンスをバランスよく組み合わせるのがオールラウンド型です。

　オフェンス型とディフェンス型が対戦するときには、その違いがわかりやすくなります。まさに「矛」と「盾」の戦いで、勝負の行方を、固唾を飲んで見守る気持ちになります。一方、ディフェンス型同士ならラリーが長く続くことが多く、長期戦になります。

　日本をはじめ、アジアには世界の強豪が集まっています。中国はオフェンス型が多く、韓国は日本とプレースタイルが近く堅実で粘り強いのが特徴です。バドミントンが国技であるインドネシアは、多彩で型にはまらない、いろいろなスタイルを持っています。

　こういったスタイルの違いの上で、「2手、3手先を読む予測力」と、「相手の予測の逆をつくプレー」が必要とされるのです。これもバドミントン観戦の大きな魅力です。

Chapter

5

基本戦術の
練習メニュー

ラリーの速いバドミントンでは予測と駆け引きが不可欠。
基本の戦術を学んで試合を有利に運ぼう。

01

ねらい ▶ サービスレシーブで空いたスペースを作る

サービスレシーブ

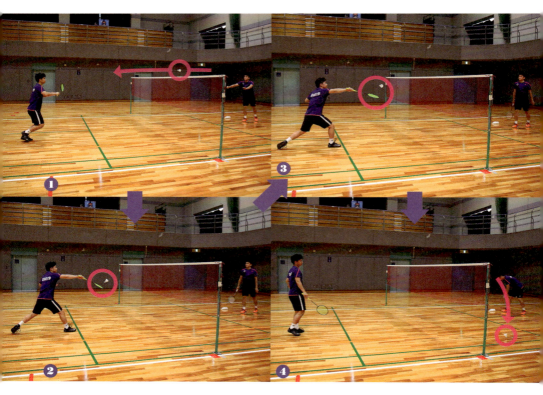

スピンヘアピンで返球

ショートサービスに対してスピンヘアピンで返球し、相手にロビングなどを打たせる。

ワンランクアップ

浮いたらプッシュで

浮いたショートサービスの場合、プッシュで返すと得点につながることが多い。

> **Chapter 5** 基本戦術の練習メニュー

コーチからのアドバイス

サービスレシーブで相手の次の返球をこちらのチャンスにしましょう。スピンヘアピンでレシーブし、相手にロビングなどを打たせる展開に持ち込みます。相手をネットに引き寄せて相手コートに空いたスペースを作れると、攻撃しやすくなります。

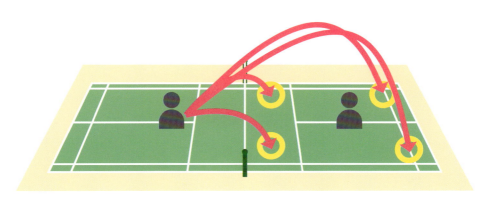

サービスレシーブで狙うコース

左右のヘアピン、相手コート奥の左右。この4カ所が、サービスレシーブで狙うコースだ。

こんなイメージ

相手の位置を見て後方へ

サービスレシーブで相手を引き寄せ、空いたスペースを作ることが重要。前に出ているなら後方を狙う。

ねらい ▶ 狙ったところにスマッシュを打つ

決定力を上げる

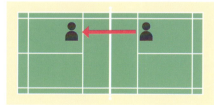

① シャトルを出してもらう

球出し役に短い球を出してもらう。

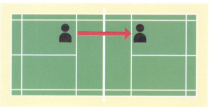

② 一度返球する

一度、相手のネット前に短く返球する。

 こんなイメージ

試合を想定した実戦練習

一度返球し打ち返してもらった球をスマッシュすることで、カウンター攻撃を想定した実戦練習になる。

112

Chapter 5 基本戦術の練習メニュー

コーチからのアドバイス

得点に結びつけたい決め球はコースが重要です。スピードが速い分、コースが甘いと相手の攻撃チャンスになりやすくなります。反対にスピードは遅くても、ピンポイントでコースを狙えば決定力が上がります。コースを狙う練習をしましょう。

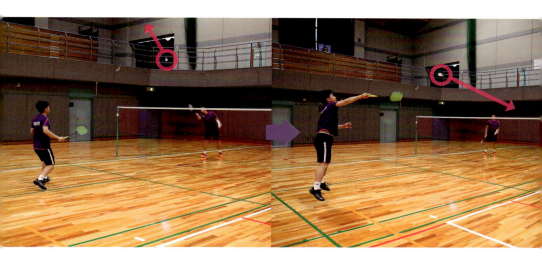

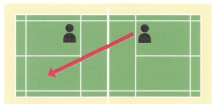

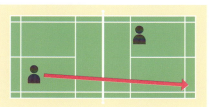

3 高い球を出してもらう

次にスマッシュが打てるように高い球を出してもらう。落下位置を予測して移動する。

4 狙ったところにスマッシュ

相手コートの奥に置いた筒を狙ってスマッシュを打つ。

こんなイメージ

筒を狙って打つ

相手コートの狙い所にシャトルの筒を置き、筒が倒れるまで続ける。筒に当てるのが難しい場合はカゴを置いてもいい。

113

03

ねらい ▶ 四隅を狙って相手を動かし有利に展開させる

四隅を狙う

四隅のどこかを狙う練習

第1段階の練習。球出しをしてもらい、その返球で四隅に置いたカゴのいずれかに入れる。

こんなイメージ

カゴを置くのは前後4カ所

コースは、ネット際左右の2カ所とバックライン付近左右の2カ所。相手選手を大きく動かすコースだ。

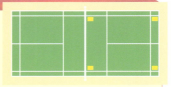

Chapter 5 基本戦術の練習メニュー

コーチからのアドバイス

シングルスでは相手を大きく動かすことが大切な戦術の1つです。そのために身につけたいのがコートの四隅を狙う、コースの打ち分け。最初は打ちやすいところを狙う練習から始め、発展させてどこからでも狙った場所に打てるようにしましょう。

1カ所のみを狙う練習

第2段階の練習。シャトルをいろいろな場所に出してもらい、どこからでも狙った1カ所に入れる。

ワンランクアップ

ネット際の4カ所を狙う

さらに発展させ、カゴをネット近くの4カ所に置き、ヘアピンとカットで狙う練習をする。

04 狙ったところに打つ

ねらい ▶ どんな体勢でも狙ったところに打つ技術を身につける

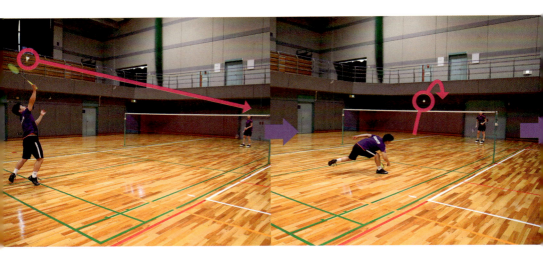

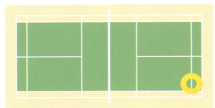

① 相手コートバック側奥

相手コートの練習補助者と行う。最初は相手コートバック側奥を狙って返球する。

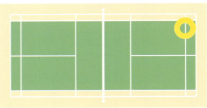

② 相手コートフォア側奥

次に返ってきたシャトルは、相手コートフォア側奥を狙って打つ。

ワンランクアップ

逆の順番でコースを狙う

基本の順番で1周のコース打ちが完了したら、逆回転で1周する。

Chapter 5 基本戦術の練習メニュー

コーチからのアドバイス

ラリー中、どんな体勢でも、どこにシャトルがきても、狙ったコースに打てることが試合を勝ち抜くために必要な技術です。ラリーを続けながら狙ったところに打つ練習でその技術を身につけましょう。上達したら順番や場所を変えていきます。

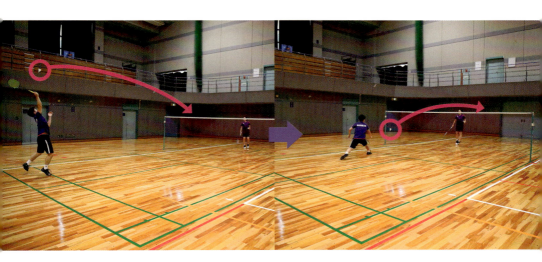

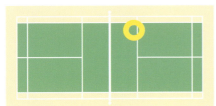

③ 相手コートフォア側手前

さらに相手コートフォア側手前を狙って打つ。打ち方は問わず、コースだけを重視。

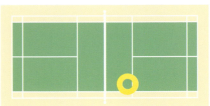

④ 相手コートバック側手前

相手コートバック側手前に打つ。これで基本の4カ所が1周したことになる。

ワンランクアップ

2カ所だけを狙って交互に打つ

バック側手前とフォア側奥またはフォア側手前とバック側奥の2カ所だけを交互に狙って打つ。

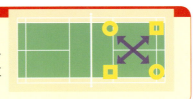

05

ねらい ▶ 相手が攻めてきた球をカウンターで攻め返す

カウンター攻撃 オフェンス

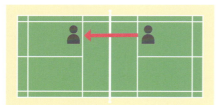

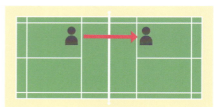

 ショートドライブでラリー

基本の練習。ショートサービスラインのやや後方あたりでラリーを行う。

ワンランクアップ

フォア奥にきた球を攻撃する

相手が自陣フォア側奥に攻撃を仕掛けると決めて、ラリーの回数は決めずに自由なタイミングで相手に仕掛けてもらう。

Chapter 5 基本戦術の練習メニュー

コーチ からの アドバイス

カウンター攻撃に必要なのは予測。予測通りにきた相手の攻撃を返球して攻撃するのがカウンター攻撃のオフェンスです。手順を決めてスマッシュを狙ったコースに打つ練習から始め、そこから相手が仕掛けてきた球を攻撃する練習へと発展させましょう。

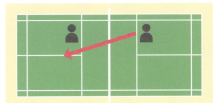

② 相手の攻撃

相手が自陣後方を狙う攻撃を仕掛ける。最初は相手が仕掛けるタイミングを決めておく。

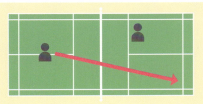

③ カウンター攻撃

相手の攻撃を予測しておき、落下地点に素早く移動。スマッシュで攻撃する。

ワンランクアップ

ラリーの中でカウンター攻撃する

回数やどこに仕掛けるかを決めずにラリーの中でカウンター攻撃する実戦練習。実際の予測を養う。

06 ねらい ▶ スマッシュを誘い効果的にレシーブする

カウンター攻撃ディフェンス

自陣バック側での攻撃

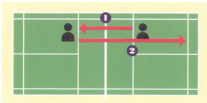

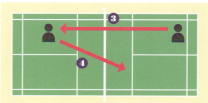

1 自陣バック側での攻撃

自陣バック側でラリーを行う。相手がスマッシュを打てるように高い球を上げる。

2 クロス手前に返球

相手のスマッシュに対して、相手が取りにくいクロス手前に返球する。

> **Chapter 5** 基本戦術の練習メニュー

コーチからのアドバイス

単なる守備ではありません。相手の攻撃を予測し、狙ったコースに効果的に返球する、ディフェンス型の攻撃パターンです。返球のベースとなるクロスレシーブから練習しましょう。相手に攻撃を決めさせず、崩すことがこのプレーの目的です。

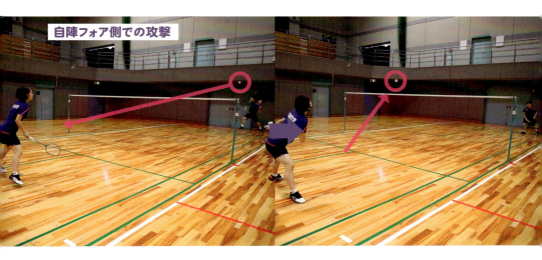

自陣フォア側での攻撃

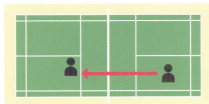

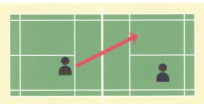

① 自陣フォア側での攻撃

自陣フォア側でのラリー中に高い球を上げ、相手にスマッシュを打たせる。

② フォア側手前に返球

相手が取りにくいフォア側手前に返球する。徹底的に相手を崩していく。

 こんなイメージ

クロスレシーブの打点

自陣フォア側での攻撃に使うクロスレシーブの打点を確認。体の前でしっかりスイングし、白帯の中央を狙う。

121

07 ダブルスのサービスレシーブ

ねらい ▶ プッシュで返して相手にチャンスを作らせない

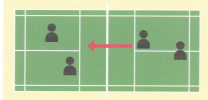

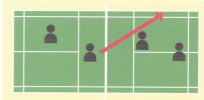

1 サービスを受けた場所からストレートにプッシュで返す

相手にショートサービスを出してもらい、サーブに対してストレートにプッシュで返す。低く鋭い軌道を目指そう。

ワンランクアップ

9カ所を狙って打つ

ネット際、ハーフ、バックライン付近の両サイドと中央の9カ所をヘアピンまたはプッシュで狙い打つ。

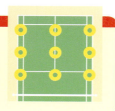

Chapter 5　基本戦術の練習メニュー

コーチからのアドバイス

ダブルスではコート前方で展開するショートサービスが中心です。サービスレシーブが浮いてしまうと、相手のチャンスにつながります。基本はプッシュで相手にプレッシャーをかけて返球すること。コート前方で主導権を握るカギになります。

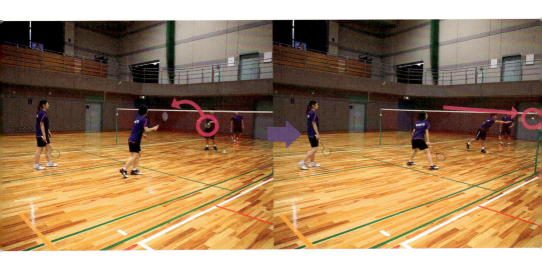

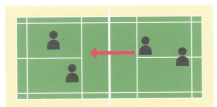

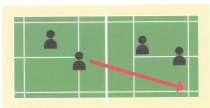

❷ サービスを受けた場所から クロスにプッシュで返す

同様に、前衛がサーブに対してクロスを狙ってプッシュする練習もしておく。相手にプレッシャーをかけ、ミスを誘うこともできる。

ワンランクアップ

次の返球を予測する

リターン後、相手からどんなショットが返球されるか予測して動く練習をする。

08 ダブルスの基本フォーメーション

ねらい ▶ 守備型、攻撃型の基本フォーメーションを覚える

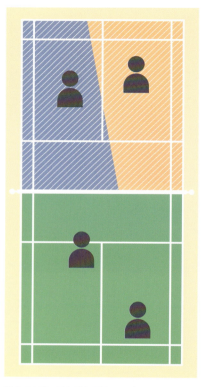

※色分けは、それぞれがカバーする範囲の基本的なイメージ。

サイド・バイ・サイド

コートを左右に分けて横に並ぶサイド・バイ・サイド。相手後方の選手からの距離が同じになるよう、やや前後差をつける。

 こんなイメージ

センターの球はクロス側がとる

サイド・バイ・サイドでは、相手の攻撃がセンターを狙ってきた場合、クロス側にいる人がレシーブすることを基本にする。

> **Chapter 5** 基本戦術の練習メニュー

コーチからのアドバイス

基本は、守備型がコート横に並ぶ「サイド・バイ・サイド」、コート縦に前衛、後衛に分けて並ぶのが攻撃型の「トップ＆バック」の2つです。サイド・バイ・サイドは左右に分かれて守備を担当し、トップ＆バックでは前後で異なる攻撃を担います。

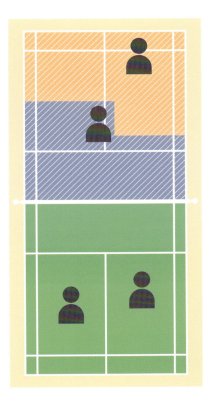

トップ＆バック

攻撃重視の形。後衛はスマッシュ、ドロップなどを打ち込む。前衛は低い軌道の球を使い、プッシュやヘアピンなどで攻撃する。

こんなイメージ

前衛はサイド、後衛はストレートをケア

トップ＆バックでは、前衛は前両サイドにきた球を、後衛はストレートを抜けてくる球をケアするのが基本だ。

09 ダブルスのローテーション

ねらい ▶ 互いが対角線上にいるように動くことを覚える

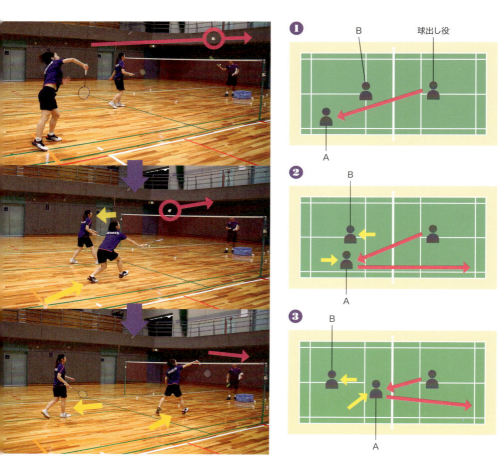

前後の動きを確認する

後衛Aが①スマッシュ、②ドライブ、③プッシュという順番で打ち返し、前衛Bがそれに合わせて後ろへ動く。Aがプッシュを打ち終わったら役割を交代して続ける。

Chapter 5 基本戦術の練習メニュー

コーチからのアドバイス

ダブルスでのローテーションの基本は、パートナーと自陣コートの対角線上にいるよう常に動くこと。この位置関係を意識して、攻守が交代するタイミングを覚えましょう。ここでは、ローテーションをマスターするための練習方法を紹介します。

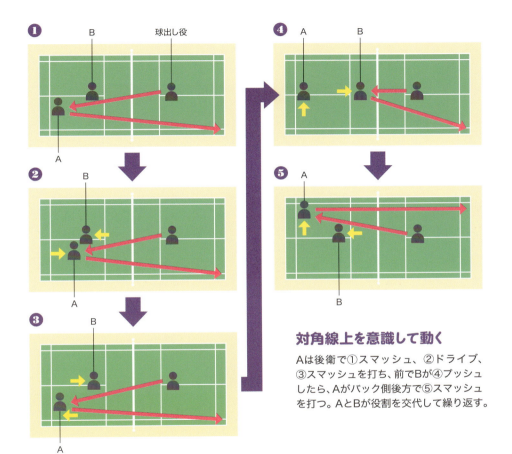

対角線上を意識して動く

Aは後衛で①スマッシュ、②ドライブ、③スマッシュを打ち、前でBが④プッシュしたら、Aがバック側後方で⑤スマッシュを打つ。AとBが役割を交代して繰り返す。

ワンランクアップ

ラリーの中で動く練習

球出しはフォア側のみで、打つ位置やショットの順番を決めずランダムにラリーを行う。

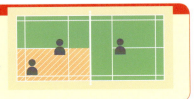

ねらい ▶ 実戦を想定しカバーリングを強化

ダブルスの実戦フォーメーション

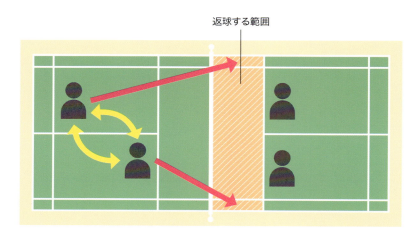

オールショートローテーション

どんな球でも、必ず前に落とすショットを打つラリー練習。常にペアでのローテーションを意識し、カバーに備える。

Chapter 5 基本戦術の練習メニュー

コーチからのアドバイス

ダブルスでは相手に高い球を上げさせることでパートナーの攻撃につなげます。高く上げさせるために必要なネット際の狙い打ちをラリーの中で繰り返し練習します。また、ミスをしたら、ペアのどちらがとるべきだったかを必ず確認しましょう。

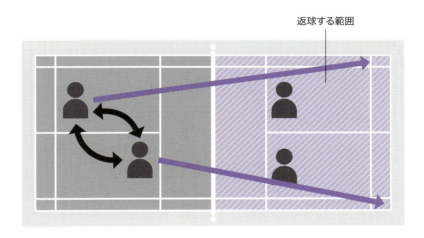

返球する範囲

前方から前方への返球　　後方から後方への返球

オフェンス対ディフェンス

「攻撃だけを行うペア」対「守備だけを行うペア」に分かれるラリー練習。
こちらも、ローテーションを意識することが大切だ。

129

ねらい ▶ あえて前衛に打たせて反対サイドに落とす

11 ディフェンスから オフェンスへの切り替え

① 相手後衛からの攻撃

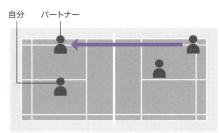

サイド・バイ・サイドで構える。相手後衛がパートナーのバック側を狙ってスマッシュで攻撃。

② 相手前衛を狙って打つ

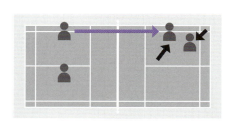

パートナーは、相手前衛を狙ってショートドライブを打つ。

③ 相手前衛がプッシュ

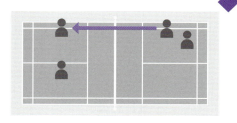

相手がプッシュで対応。

Chapter 5　基本戦術の練習メニュー

コーチからのアドバイス

攻撃に持ち込むためには、相手ペアに高く上がる球を打たせます。あえて前衛に打たせておいて、反対側の空いたスペースに落とし、もう1人が体勢を崩しながら打ち上げるショットを誘います。これによりディフェンスからオフェンスに切り替わります。

④ 反対サイド前に返球

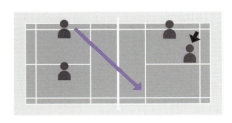

パートナーが相手コート左サイド手前を狙って返球。

⑤ 相手後衛がロビング

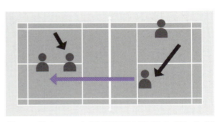

後ろで備えていた相手後衛が体勢を崩しながら前に入ってロビング。これにより攻撃と守備が入れ替わる。

⑥ パートナーがスマッシュ

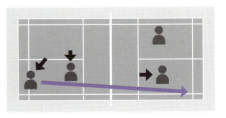

パートナーが上がってきた球をスマッシュ。攻守交代を繰り返すようにラリーを続ける。

12 攻撃でオープンスペースを作る

ねらい 狙ったコースに打ち、空いたスペースに攻撃する

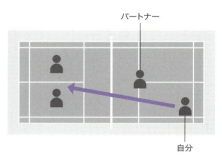

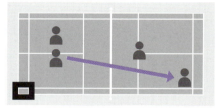

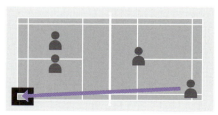

センターに打ち込み、ストレートを狙う

センターにスマッシュを打ち込み、相手がセンターに寄って空いたストレート後方を狙って打つ。

Chapter 5 基本戦術の練習メニュー

コーチからのアドバイス

相手コートにオープン（空いた）スペースを作ることはダブルスの重要な戦術です。相手ストレート側の選手がレシーブするように、センターにスマッシュを打ち込み、選手がセンターに寄って空いたストレート後方を狙います。

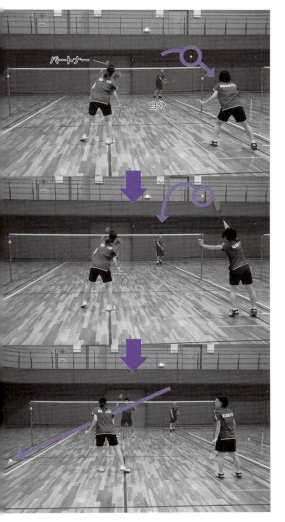

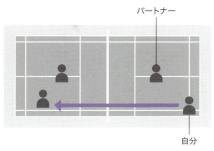

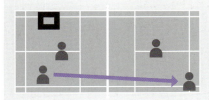

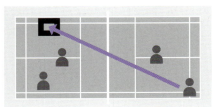

ストレートに打ち込み、クロス後方を狙う

ストレートにスマッシュを打ち込み、相手がストレート側に寄って空いたクロス後方を狙って打つ。

133

コラム5

大束忠司のオリンピックへの挑戦

　夢の舞台であるオリンピックに初めて出場したのは、2004年アテネ大会でした。日本体育大学の同期で長年ペアを組んできた舛田圭太選手とともに男子ダブルスに、また混合ダブルスにも出場しました。意外に思われるかもしれませんが、「足が震える」というようなプレッシャーはなく、このコートに立てた喜びでいっぱいでした。

　私は、バドミントン選手だった両親のもと、小学1年生でバドミントンを始め、練習の成果を発揮して試合で勝つ喜びを、少年時代から感じていました。練習を続けた成果によって、全国大会で活躍し、オリンピック出場を期待される選手になることができました。

　最初のチャレンジは、日本体育大学で4年生のとき。2000年シドニー大会は、出場権を得ることはできませんでした。しかし、その後は練習への取り組み方はもちろん、栄養など生活全般を見直して、4年後のアテネでは出場を勝ち取ることができました。

　出場することで一度は選手として満足していましたが、アテネ大会後、日本代表に朴柱奉ヘッドコーチが就任し、オリンピックへの再挑戦を決意しました。その結果、2008年北京大会に舛田選手と2大会連続で出場し、5位入賞を果たせました。

　1992年バルセロナオリンピックから正式競技となったバドミントン。日本チームの土台が築かれた時代、2大会に出場できた経験は、現在のバドミントン指導に活きています。

Chapter

6

脱初心者のツボ

初心者から抜け出すために必要なツボはどこか。
その少しの変化で試合は大きく変えられる。

01

ねらい ▶ 状況に合わせてラケットを握りかえる

ラケットの握りをかえる

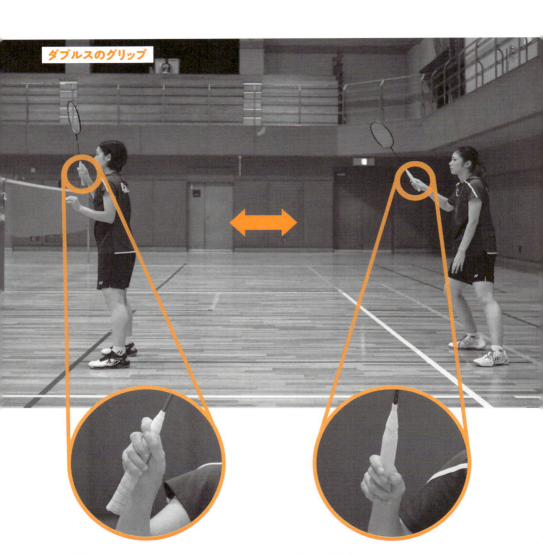

ダブルスのグリップ

前衛は短く持つ

相手からの攻撃に素早く反応するために、グリップの上の方でラケットを短く持つ。

後衛は長く持つ

広範囲の攻撃に対応するために、ラケットを長く持つ。シングルスでは基本的に長く持つ。

Chapter 6 脱初心者のツボ

コーチからのアドバイス

攻撃や守備、ダブルスでのローテーションなど状況に応じてラケットを握りかえるとプレーがしやすくなります。ダブルスでの各ポジションと、バックに効果的な握り方をマスターしましょう。主にグリップを持つ位置、親指の立て方を変えます。

バックのグリップ

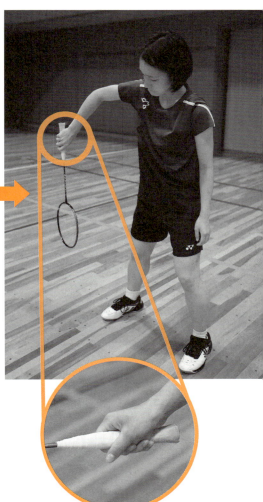

親指を立てて押し出す

バックハンドで体の左側が打点になるときは、親指を立てて押し出すように打つ。

親指を立てず可動域を広げる

バックハンドで体の右側が打点になるときは、親指を立てず手首を回しやすくする。

ねらい ▶ より速く移動するためのフットワークを覚える

02 サイドバックのフットワーク

1 構え

相手からの攻撃に備える。このフットワークは特にプッシュをレシーブするときに効果的。

2 左足で移動開始

シャトルが落ちる方向に向かって近い足（左足）を踏み出し始める。

| Chapter 6 | 脱初心者のツボ |

コーチからのアドバイス

基本のフットワークでは利き足を1歩目に前に出しますが、左に移動する際、左足のみで移動するフットワークです。このフットワークなら、より速く最短距離で移動できます。足がクロスしないため、次の動作への対応も素早く行えます。

 ③ 踏み込む

スイング体勢をとりながら、右足の力も使ってシャトルが落ちる位置に左足を大きく踏み込んでいく。

 ④ インパクト

しっかり踏み込んでシャトルを打つ。上体を起こしたままで次の動作に移行する。

ねらい ▶ 次のシャトルの落下地点へ最短で移動する

03 攻撃時のフットワーク

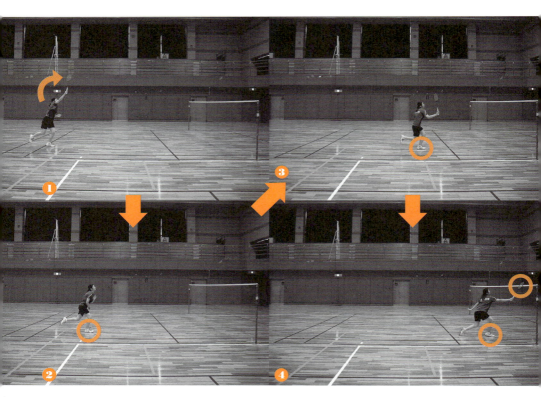

ストレートへのフットワーク

自陣後方からネットまでストレートでは3歩が目安。利き足から踏み出して、利き足を前にして球を打つ。練習では最初に後方で素振り、最後にラケットをネットまで伸ばす。

ワンランクアップ

素振り+プッシュ練習

自陣後方で素振りした後移動し、プッシュを打つ練習で、フットワークをマスターする。

Chapter 6 脱初心者のツボ

コーチからのアドバイス

ディフェンスのフットワークでは基本のホームポジションに戻りますが、素早い移動が求められる攻撃時には、次のシャトルの落下地点まで最短距離で移動できるフットワークを使います。ストレートなら3歩、クロス方向は5歩が歩数の目安です。

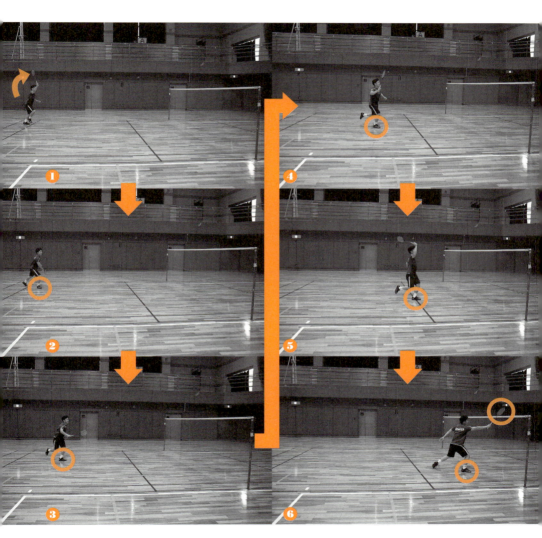

クロスへのフットワーク

自陣後方からネットまで斜めクロス方向では5歩が目安。長身の男子なら3歩を目安にしよう。練習では最初に後方で素振り、最後ラケットをネットまで伸ばす。

04 ねらい ▶ 前に落とすか奥に飛ばすか、相手に察知されずに打つ

手首で打つ

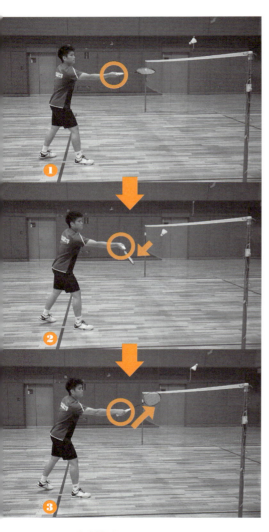
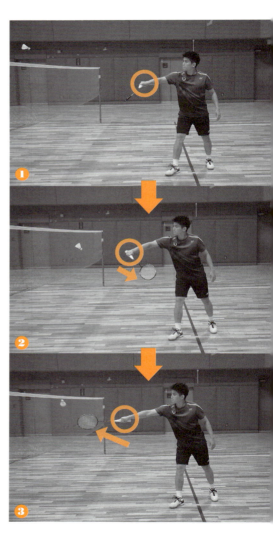

フォア側前方で打つ

ポイントは、ラケットを目線の高さにすること。同じ打ち方で相手コート前、奥と打ち分けよう。

バック側前方で打つ

バックハンドでは親指を立ててラケットを握り、押し出すように打つ。

Chapter 6 脱初心者のツボ

コーチ からの アドバイス

シャトルを打つときに大きなスイングをすると、どこにどんな球を打つか相手に知られてしまいます。前に落とすか、奥に飛ばすのか、相手に察知されないように打つためには手首でシャトルを打ちます。相手の意表をついて得点につなげます。

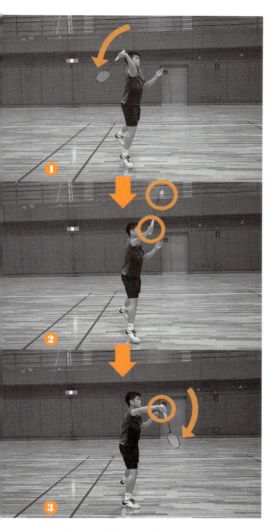

フォア側後方で打つ

テイクバックを取るが最後は手首で打つ。腕を振り切らないので、次の準備がしやすい。

ラウンド、後方で打つ

利き手と反対側後方エリア（ラウンド）から手首を使って打つ。上体を倒さないように注意しよう。

05

ねらい ▶ 体勢が悪いときの返球に慣れておく

押されているときの つなぎ方

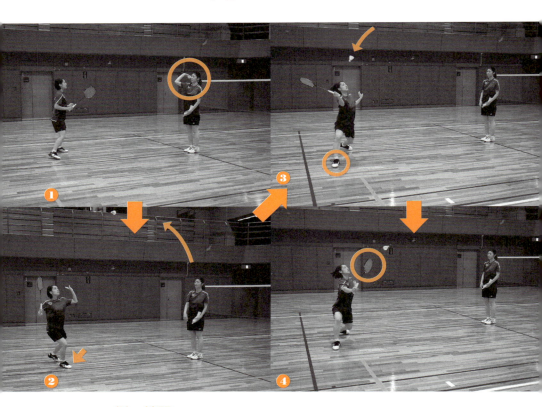

フォア側の練習

自陣に立つ球出し役に、フォア側横、奥にシャトルを出してもらい、バック側からフットワークで移動して打つ。相手コート前、後ろ各2カ所のいずれかに返球する。

ワンランクアップ

後方に大きく移動して打つ

さらに追い込まれた状況を作るため、走り始めの位置を前にして、後ろに大きく移動して打つ。

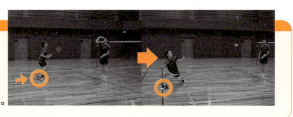

Chapter 6 脱初心者のツボ

コーチからのアドバイス

練習はもちろん、試合中はいつもいい体勢で打てるわけではありません。相手に押し込まれ、体勢が悪い状況で返球できることも重要です。つないで返球する中で自分の体勢を整え、次の攻撃に備えます。実戦を想定した練習で、つなぎ方をマスターしましょう。

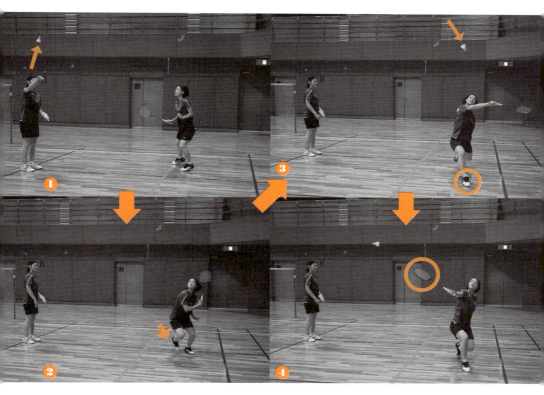

バック側の練習

同様に、バック側横、奥にシャトルを出してもらい、フォア側からフットワークで移動して打つ。こちらも相手コート前、後ろ各2カ所のいずれかに返球する。

こんなイメージ

返球するコースは4カ所

相手コートの前2カ所、後方2カ所の4カ所が返球のコース。コースを狙って返球できるように練習する。

145

06

ねらい ▶ 常に上体を起こしたまま打つことをマスターする

体軸をぶらさない

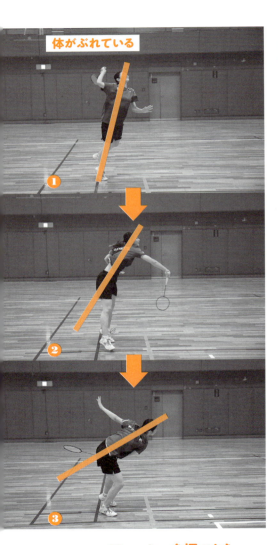

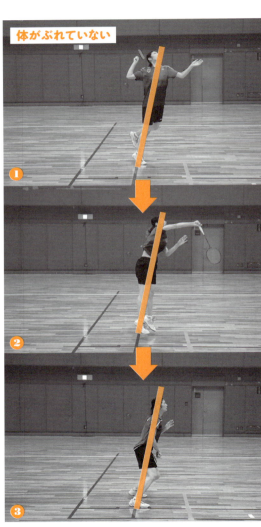

スマッシュを打つとき

左は体がぶれている、右は体をぶらさずにスマッシュを打っている。上体が倒れてしまうと次の対応が遅れる。

Chapter 6 脱初心者のツボ

コーチからのアドバイス

スマッシュや跳びつきなどの際、思わず力んで前屈みになってしまいがちです。スイング後に上体が倒れ込んでしまうと次の動作への対応が遅れてしまいます。常に上体を起こしたまま、体軸をぶらさずショットが打てるように練習しておきましょう。

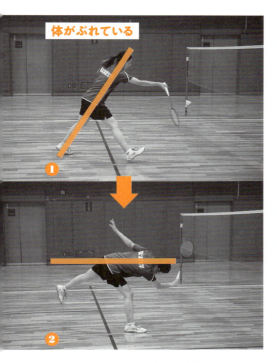

体がぶれている

体がぶれていない

レシーブするとき

左は体がぶれている、右は体をぶらさずにレシーブしている。頭が下がると上体も倒れてしまう。

ワンランクアップ

スマートフォンで録画

体がぶれているかどうか、互いに動画を録画して確認しよう。自分を客観視できる。

147

付録1

バドミントンのルール

基本のルール

トス

試合開始前にトスを行う。トスに勝ったサイドは、次のどちらかを選択する。負けたサイドは、残りを選ぶ。
①サービス権を取るか、レシーブするか。
②試合開始のときに、どちら側のエンドを選ぶか。

2ゲーム先取

試合は、1ゲーム21点のラリーポイント制で、特に定めがなければ2ゲーム先取の3ゲームで行う。

ラリーポイント制

ゲームは、ラリーに勝ったサイドが得点するラリーポイント制で行われる。相手コートにショットが決まる以外にも、相手プレーヤーのフォルトや相手のショットがコートの外に出るなどの場合にも得点される。

デュース

スコアが20点オールになった場合（デュース）、その後先に2点リードしたサイドが勝者となる。ただし、29点オールになった場合、先に30点になったサイドが勝者となる。

サービスの優先権

ゲームに勝ったサイドが次のゲームのサービス権を得る。ダブルスの場合、次のゲームの最初にどちらのプレーヤーがサービスを打ってもよい。

エンドの交替

各ゲームが終了したときには、エンドを替える。さらに、第3ゲームではどちらかの得点が11点になったら、エンドを替える。

インターバル

各ゲーム間に120秒以内のインターバルが認められる。また、全てのゲーム中、どちらかのサイドが先に11点になったとき、60秒以内のインターバルが認められている。インターバルを除き、プレーヤーは主審の許可なくコートを離れてはいけない。

レット

以下の場合、プレーを中断する「レット」となる。レットとなった場合は、その直前のサービス以降のプレーは無効となり、レットとなる直前のサーバーがサービスするところからゲームが再開する。
①レシーバーの態勢が整う前にサービスされたとき。
②サービスした時点で、サーバーとレシーバーの両方がフォルトをしたとき。
③サービスレシーブがネットの上に乗った、ネットを越えて引っかかったとき。
④プレー中にシャトルが破損し、コルクと羽根が分解したとき。
⑤コーチなど、プレーヤー以外の人によってプレーが中断されたと主審が判断したとき。
⑥不測の事故、事態が起こったとき。

サーバー、レシーバーの位置

サーバーとレシーバーは斜めに向かい合ったサービスコートに、ラインを踏んだりまたいだりすることなく立つ。ダブルスでは、サービスの開始から終了まで、サーバー、レシーバーのそれぞれのパートナーは、視界を遮らない限りコートのどこに立ってもよい。

付録1

サービスコートのルール

ゲーム開始時（0点オール）、サービスは右コートから始まる。打ったサービスは相手コート対角線上にあるサービスコート（相手コート右側）に入れなくてはいけない。スコアが0または偶数の時には右サービスコート（図1）、奇数の時には左サービスコートを使用する（図2）。

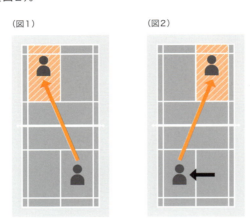

（図1）　　（図2）

シングルスのサービス

シングルスでは、得点したサイドのプレーヤーがサービスする。連続得点した場合は、左右のコートを入れ替える（図2）。

ダブルスのサービス

①基本的なルールはシングルスと同様、サービングサイドのスコアが0もしくは偶数の時、右サービスコートからサービスし（図3）、奇数の時には左サービスコートからサービスする（図4）。レシーバーは、サーバーとコートの対角線上斜めにいるプレーヤーとなる。

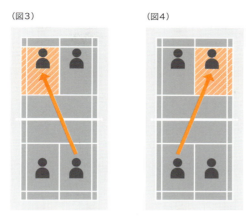

②ラリーに勝った方がサービスするが、サービングサイドの場合、同じサーバーが連続してサービスする（図5）。レシービングサイドが勝ったら、サービス権が移る（図6）。
③サービス権は、ゲーム中次のように連続して移動する。
　1. 右サービスコートからゲームを開始した最初のサーバー
　2. 最初のレシーバーのパートナー
　3. 最初のサーバーのパートナー
　4. 最初のレシーバー

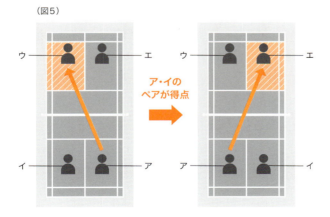

付録1

(図6)

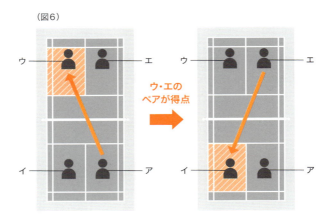

同じゲームの中では、順番を間違えてサービスしてはいけない。ゲームに勝ったサイドは、次のゲームの最初のサービス権が与えられるが、そのサービスはどちらのプレーヤーでもよい。サービスコートや順番を間違えたときには、間違いを訂正しスコアはそのままとする。

主なフォルト

サービスのフォルト

①フットフォルト／サービスのときに、片足が床から離れてはいけない。
②ラインクロス／サーバー、レシーバーともにコートのラインを踏んだり、またいだりしてはいけない。
③サーバーのラケットで打たれる瞬間に、シャトル全体が必ずコート面から1.5m以下でなければならない。
④サーバー、レシーバーともにサービスを不当に遅らせてはならない。
⑤シャトルのコルク以外の部分を打ってはならない。
⑥ラケット以外（体の一部）などで打ってはならない。

⑦サーバーは、サービスが始まって終わるまで連続してラケットを前方に動かさなくてはならない（途中で止めるなどの相手を惑わせるような動きをしてはならない）。

⑧サービスのシャトルがネットの上に乗った、ネットを越えてからネットに引っかかったときには、サーバーのフォルトとなる。

インプレーのフォルト

①ドリブル／１人のプレーヤーが連続して２度打ってはならない。

②ホールディング／ラケット面にシャトルを乗せたり止めたりしてから打ってはならない。

③タッチ・ザ・ボディ／シャトルがラケット以外の体（ウエアを含む）などに触れてはならない。

④ダブルタッチ／ダブルスで、味方の打球をプレーヤーおよびパートナーが連続して打ってはいけない。

⑤タッチ・ザ・ネット／ラリー中にラケットや体（ウエアを含む）の一部がネット（ポストを含む）に触れてはいけない。

⑥オーバー・ザ・ネット／相手の打球がネットを越える前に、ラケットや体がネットを越えて打ってはならない。

⑦インターフェア／ラケットや体の一部がネットの下などから相手コートに侵入して、相手を妨害してはならない。

その他のフォルト

①打球がネットの上を越えなかった、ネットの下を通過した。

②打球が体育館の天井や壁に当たった。

③大声や身振りで相手プレーヤーを故意に妨害する。

④プレーを故意に遅らせたり、中断させる。

⑤シャトルを故意に破損、加工する。

⑥審判や観客などに対して横柄な態度をとるなど、品行を疑われる行為をする。

⑦見苦しい服装でプレーする。

付録2

バドミントンの用語集

アウト
打球が決められた区域外に出ること。

アンダーハンドストローク
下からすくい上げるように打つストロークのこと。

イースタングリップ
ラケットの持ち方。ラケットの面が床と垂直になるように握る。

イン
シャトルがコート内に入ること。ラインにシャトルの先端が触れた場合もインとなる。

インターバル
ゲームとゲームの間の時間のこと。各ゲームでどちらかの得点が11点に達した場合には60秒、ゲームとゲームの間は120秒以内でインターバルを取ることができる。

インターフェア
相手選手を妨害すること。反則行為。

インパクト
シャトルがラケット面に当たった瞬間のこと。

インプレー
シャトルが有効に動いている状態のこと。ゲーム中を意味する。

ウエスタングリップ
ラケットの持ち方。ラケットの面が床と水平になるように握る。

エース
得点を挙げたショットのこと。

エンド
ネットを境にしてどちらか一方のコートを意味する。

オーバー・ザ・ネット
体の一部、もしくはラケットがネットを越えること。反則となる。

オーバーヘッド・ストローク
肩の上、頭上で打つストロークのこと。

カット
ラケット面でシャトルを切るように鋭角的に打つショット。コルクに回転がかかり、減速して落ちる。

ガット
ラケット面に張る糸のこと。ストリングスともいう。

クリア
相手コートのバックラインに向かって打つショット。高い軌道は「ハイクリア」、低く速い軌道を「ドリブンクリア」という。

グリップ
ラケットの握る部分。握り方を意味する場合もある。ハンドルともいう。

クロス
相手コートの対角線上。そこに向かって打つショット。

ゲーム
バレーボールでいうセットのこと。バドミントンは3ゲーム制。

ゲーム・オール
両者が1ゲームずつ取り、ゲームカウントが1対1になった状態。

ゲーム・セット
試合終了。

ゲーム・ポイント
あと1得点でゲームが終了するという状態。

コール
ゲーム進行中に主審が宣告すること。

サービス
ゲームを始めるときに打つ第1打のこと。

サービス・オーバー
サービス権が移動すること。

サービスコート
ショートサービスライン、センターライン、サイドライン、ロングサービスラインで囲まれたサービスを入れるエリア。シングルスとダブルスではエリアが異なる。

サービング・サイド
サービスをする側のこと。

サイドアーム・ストローク
体の横で打つストロークのこと。

サイド・バイ・サイド
ダブルスのフォーメーションの一つ。コートを左右に二分してプレーする。

サムアップ
グリップを親指で押すように立てて握ること。主にバックハンドで使用する。

シャトルコック
羽根のこと。シャトルの正式名称。

シャフト
ラケットのヘッドとグリップをつなぐ部分。

ショートサービス
ネットギリギリを通過し、相手のショートサービスライン付近に落ちるサービスのこと。

シングルス
1対1で行う試合のこと。

スイング
ラケットを前方に振ること。ストロークと同じ意味。

ストレート
サイドラインと平行に打つショットのこと。

ストリングス
=ガット。

スマッシュ
頭上から鋭角に打ち込む攻撃的なショットのこと。

タッチ・ザ・ネット
プレー中にラケットや、体の一部（ウエアを含む）がネットに触れる反則。

タッチ・ザ・ボディ
プレー中にシャトルがプレーヤーの体に触れる反則。

ダブルス
2対2で行う試合のこと。男女ペアで行う試合を「ミックス・ダブルス」という。

ダブルタッチ
ダブルスで、味方同士のラケットに続けてシャトルが当たる反則。

チェンジ・エンズ
試合中にエンドを交代すること。ゲーム終了後のほか、第3ゲームでどちらかが11点になったときにもチェンジ・エンズを行う。

テイクバック
シャトルを打つ際に、ラケットを持った手を後方に引く動作のこと。

デュース
得点が20対20になってからの延長戦のこと。セティングともいう。2点先取した方が勝つ。29点オールの場合は、先に30点になったサイドが勝つ。

テンション
ガットを張る強さのこと。

トス
ゲーム開始の際、サービスをするか、エンドを選ぶかを選択する権利を決めること。公式戦ではコインの表・裏で決める。

トップ・アンド・バック
ダブルスでコートの前後に分かれる攻撃的なフォーメーション。

ドライブ
ネットに近く、シャトルが床と平行に近い軌道のショットのこと。

ドリブル
同じプレーヤーがシャトルを連続して2度打つ反則。

ドロップ
高い打点から相手コートのネット手前に落下させるショットのこと。

ノック
練習の際、手でシャトルを投げること。ラケットで打ってシャトルを出すこと。

バックハンド
ラケットを持たない手、またはその手のサイドで打つショット。

ハンドル
＝グリップ。

ファイナルゲーム
第3ゲームのこと。

フェイント
相手が予測するコースや軌道と異なるショットを打つなど、相手を欺く動作。

フォアハンド
ラケットを持つ手、または、その手のサイドで打つショット。

フォーメーション
ダブルスでプレーする際の味方同士の陣形。

フォルト
反則のこと。

フォロースルー
インパクトの後のラケットの動き。フォロースイングともいう。

プッシュ
ネット前から相手コートに押し出すように打つショット。

フットワーク
プレーヤーのコート内の動き、足の運びのこと。

フライト
シャトルの軌道のこと。

フレーム
ラケットヘッドの枠のこと。

ヘアピン
ネット側にきたシャトルを、相手コートネット側に落とすショットのこと。

ホームポジション
攻撃・守備の移動の起点となる位置のことで、一般的に自陣コート中央。

ホールディング
ラケットにシャトルを乗せた状態で打つショットで、反則となる。

ボディショット
相手選手の体（周辺）を狙って打つショット。

マッチ
試合のこと。

マッチポイント
後1点を取れば試合が終了となるポイント。

ミート
＝インパクト。

ミックス（ダブルス）
男女混合で行うダブルスのこと。

ラインクロス
サービス時に、サーバー、レシーバーがラインを踏んだり、またいだりする反則。

ラウンド・ザ・ヘッドストローク
バックハンド側の後方（ラウンドという）にきたシャトルを、フォアハンドで返球するショットのこと。

ラケットヘッド
ラケットのガットを張った楕円形状の部分。

ラッシュ
ネット側にダッシュすること。

ラブ・オール・プレー
0点（ラブ）対0点で、試合開始を意味する。

ラリー
シャトルの打ち合いのこと。

ラリーポイント
サービス権にかかわらず、ラリーを制した方が得点するルール。

リストスタンド
ラケットを持った腕とラケットが直角になるように、手首を立てラケットを握ること。

リターン
シャトルを返球すること。

レシービングサイド
サービスを受ける側のこと。サービスを受けるプレーヤーはレシーバー。

レット
審判によって試合が停止されること。

ロビング
主にアンダーハンドストロークで相手コート後方に高く打つショットのこと。ロブともいう。

ローテーション
ダブルスでインプレー中に味方同士がポジションを入れ替えること。

ロングサービス
ロングサービスライン付近に、遠く高く打つサービス。

ワイパーショット
ネット側のプッシュで、タッチ・ザ・ネットを避けるため、ネットと平行にラケットをスイングさせて打つショットのこと。

おわりに

　バドミントンに興味を持っている方々、これから始める方々、ワンランクアップしたい方々、本書を選んでいただきありがとうございました。

　本書は、初級者とさらにワンランクアップしたいと思っている方々に向けたものですが、この内容は現在世界で活躍している日本人選手も初期の段階で身につけたものです。上達するためにはまず基礎的な考え方をしっかり身につけることが重要で、そこから自分の体格や力、動きの速さなどさまざまな要因で自分の打ち方、動き方を作っていきます。

　よく選手に「なぜその打ち方なの？」と質問するのですが、大体は「習ったから」という答えが返ってきます。その考え方では残念ながら上達しません。自分の考え方によってラケットの握り方や上げ方、足の動かし方まで変わってきます。上級者になっていくと打ち方も動き方も十人十色です。上達するには、その上級者の動きを基礎の動きと比較して理解しなくてはなりません。その比較の基準として本書を役立てていただければと思います。

　本書を読んでいただいた皆さんの中から将来日本を背負って立つ選手が現れることに期待し、皆さんのさらなるレベルアップを願い、今よりもバドミントンをもっと好きになることを願っております。

著者紹介

大束 忠司
おお つか ただ し

日本体育大学バドミントン部監督
日本体育大学体育学部准教授
元バドミントン日本代表選手

1978年生まれ。長崎県出身。小学1年生でバドミントンを始めて以来、全国大会で多くの優勝を経験。ダブルスの選手として活躍し、2004年のアテネ五輪に日本代表選手として出場、2008年の北京五輪では5位入賞を果たす。2009年の引退後、母校である日本体育大学のバドミントン部と日本代表のコーチに就任。現在は同部の監督を務める。

撮影に協力いただいた 日本体育大学バドミントン部のみなさん

霜上 雄一
しも がみ ゆう いち

小林 大吾
こ ばやし だい ご

池内 萌絵
いけ うち とも え

福田 海璃
ふく だ み どり

編集制作	ナイスク（http://naisg.com/）
	松尾里央、安原直登
取材・執筆	宮崎恵理
装丁・デザイン	レンデデザイン
	小澤都子
撮影	菅原淳、福地和男

目で学ぶシリーズ2
見るだけでうまくなる！
バドミントンの基礎

2019年11月15日　第1版第1刷発行

著　者	大束忠司（日本体育大学バドミントン部監督）
発行人	池田哲雄
発行所	株式会社ベースボール・マガジン社
	〒103-8482
	東京都中央区日本橋浜町2-61-9 TIE浜町ビル
	電話　03-5643-3930（販売部）
	03-5643-3885（出版部）
	振替口座　00180-6-46620
	HP　http://www.bbm-japan.com/
印刷・製本	大日本印刷株式会社

©Tadashi Otsuka 2019
Printed in Japan
ISBN 978-4-583-11233-6 C2075

＊ 定価はカバーに表示してあります。
＊ 本書の文章、写真、図版の無断転載を禁じます。
＊ 本書を無断で複製する行為（コピー、スキャン、デジタルデータ化など）は、私的
　 使用のための複製など著作権法上の限られた例外を除き、禁じられています。
　 業務上使用する目的で上記行為を行うことは、使用範囲が内部に限られる場合で
　 あっても私的使用には該当せず、違法です。また、私的使用に該当する場合であっ
　 ても、代行業者などの第三者に依頼して上記行為を行うことは違法になります。
＊ 落丁・乱丁が万が一ございましたら、お取り替えいたします。